NONGMIN ZHUANYE
HEZUOSHE JIANSHE YU JINGYING GUANLI

农民专业合作社
建设与经营管理

顾仁恺 ◎ 编著

Foreword 前 言

　　在当前全面深化农村改革、加快推进农业农村现代化建设的关键历史阶段,"谁来种地""如何种地""农村人才匮乏,农业技能短缺,成果转化滞后,农产品经纪人队伍薄弱,'三农'转型升级乏力,农民致富进程缓慢"等问题日益突出。随着乡村振兴战略的全面实施、农村产业结构转型升级加快和农业农村现代化建设不断推进,一家一户的生产经营方式已经不能安全适应农业增产和农民增收的需求,建立农民专业合作社已经成为实现农业增产增效、农民增收的重要途径。目前靖江市经工商注册登记的农民专业合作社已逾千户,入社农民累计已达数万人。一大批有理想、有能力、有头脑、肯吃苦、能创业、会经营的新型职业农民也在积极参加培训学习,拟筹备兴办和创办农业专业合作社。实践证明,农民专业合作社充分发挥着桥梁和纽带的作用,紧密连接农户和市场,有效缓解了种难、卖难、技术获取难等问题,切实提高了农民进入市场的能力和组织化程度,在农业增效、农民增收、现代农业发展等方面发挥着越来越大的作用。

　　农业专业合作社的建立,不仅改变了一家一户生产规模小、经营粗放、经济效益低的状况,而且拓宽了农民就业渠道,有力地发挥了建立一个组织、兴办一方产业、带动一方农民、富裕一方经济的重大作用。通过创办和建设好、经营好、管理好农民专业合作社，充分发挥其规模经营、统购统销、标准安全、政策扶持、增效增收的功能和作用：一是规模经营，农业科技投入加大，机械化程度提高，物质装备改善，水利等基础设施兴建，都在不断夯实农业发展的基础，促进农业从传统生产方式向现代生产方式的转变。二是统购统销，农民专业合作社以其成员为主要服务对象，提供农业生产资料的购买，农产品的销售、加工、运输、贮藏以及与农业生产经营相关技术、信息服务，犁田、插播、杀虫、收割、脱粒、烘干等环节都由公司提供一条龙服务，合作社一方面增加了农民的谈判力量和话语权，另一方面统一种养规格和质量，有利于开拓市场、促进销售。三是标准安全，合作社获得信息和技术服务，增强市场反应能力，提高农产品科技含量和品质。特别是通过开展农业标准化生产，获得了无公害农产品、绿色食品、有机食品生产基地认证，注册商标品牌，提高农产品的质量，显著增强了农产品的市场竞争力。四是政策扶持，各级党委政府扶持乡村振兴战略的政策措施、《中华人民共和国农民专业合作社法》和新修订的《农民专业合作社登记管理条例》及有关政策制度等，2004—2018 年连续 15 年中央 1 号文件对农民专业合作社的建设都有明确政策，支持农民专业合作社开展信息、培训、质标与认证、生产基建、市场营销、技术推广等服务。建立有利于发展的制度，如兴办加工流通实体，适当减免有关税费，以及申请承担国家有关涉农项目，开展示范社建设行动，对合作社人员进行培训，各级财政给予合作社经费支持等。五是增效增收，科技进步对我国农业增长的贡献率快速提高，合作社往往采用更先进的生产技术，夯实基础设施，通过"产、供、销、加"一条龙服务最大程度增效，进而使社员增收。经过长时间的实践，农民自己组织成立的农民专业合作社目前被证明是提高农民收入最现实可行的办法。通过联合，使农民摆脱"孤军奋战"的传统模式，最大程度发挥整体优势，这种合作模式不仅增加了农民收入，还在交流过程中，促进了农民组织能力和适应大市场能力大幅度的提高。

为更好地组织农民建设自己所需类型的合作社并有效提升合作社的经营和管理能力，不仅要对农民进行农民专业合作社的基础知识教育培训，还要通过培训使他们掌握一些管理和经营的技能、方法、策略等，使农民成为有知识、善经营、懂技术、会管理、能创业的复合型农村创业致富人才，从而促进农民专业合作社整体水平的全面提升，并为推动农民专业合作社的科学发展提供充足的人才储备和强大的智力支持。为此，本着与时俱进的精神，通过认真研究，精心编写了这本《农民专业合作社建设与经营管理》，供广大农业产业化龙头企业、现代农业科技园区、农业科技产业基地、专业大户、家庭农场、农产品加工企业、社会化为农服务组织和企业、各类农民专业合作组织、现代农业农村创业能人和带头人、农业农村经纪人、新型职业农民阅读和使用。

本书思路清晰，语言简炼，通俗易懂，可读性、实用性强。主要内容有：农民专业合作社的理论和实践概述；农民专业合作社的筹备组建、设立、登记、联合、解散、破产以及经营、管理等；在新形势下政府对农民专业合作社的政策扶持；农民专业合作社运行特别是经营管理的方法、技能、策略、服务、扶持及其会计实务和内部财务管理、政策法规解读等。同时，为了紧密联系实际，本书编写了一些生动的典型案例，使读者在阅读过程中能更好地理解和运用，为农民在组织和经营管理合作社过程中提供行之有效的知识和技能。

由于时间仓促，加之编者水平有限，难免存在错误和纰漏，敬请广大读者批评指正。

编　者

2018 年 3 月

Contents 目 录

第一章

农民专业合作社的理论概述

第一节 农民专业合作社的内涵

一、农民专业合作社的定义

农民专业合作社是在农村家庭承包经营基础上，同类农产品的生产经营者或者同类农业生产经营服务的提供者、利用者，自愿联合、民主管理的互助性经济组织。农民专业合作社以成员为主要服务对象，提供产前、产中、产后的技术、信息、生产资料购买和农产品的销售、加工、运输等服务。

二、农民专业合作社的性质

我国农民专业合作社在具备一般合作社自治性、自愿性、服务性、公益性等共同特征的基础上，作为独立的市场经济主体，具有法人资格，享有生产经营自主权，受法律保护，任何单位和个人都不得侵犯其合法权益。其特征如下：

1. 农民专业合作社是一种经济组织

近年来，我国各类农民专业经济合作组织发展很快，并呈现出多样发展特点，但只有从事经营活动的实体型农民专业经济合作组织才是农民专业合作社。因此，社区性农村集体经济组织，例如村委会和农村合作经营性组织、社会团体法人类型的农民专业合作组织属于农民专业合作社。只从事专业的技术、信息等服务活动，不从事营利性经营活动的农业生产技术协会和农产品行业协会等不属于农民专业合作社。

2. 农民专业合作社建立在农村家庭承包经营基础之上

农民专业合作社是由依法享有农村土地承包经营权的农村集体经济组织成员，即农民自愿组织起来的新型合作社。加入农民专业合作社不改变家庭承包经营的基础。

3. 农民专业合作社是自愿和民主的经济组织

任何单位和个人不得强迫农民成立或参加农民专业合作社，农民入社、退社自由；农民专业合作社的社员组织内部地位平等，实行民主管理，运行过程中始终体现民主精神。

4. 农民专业合作社是具有互助性质的经济组织

农民专业合作社以社员自我服务为目的，通过合作互助完成单独农户不能做、做不好的事情，对社员服务不以营利为目的。

5. 农民专业合作社是专业的经济组织

农民专业合作社以同类农产品的生产或者同类农业生产经营服务为纽带，提供该类农产品的销售、加工、运输、贮藏，农业生产资料的购买，以及与该类农业生产经营有关的技术、信息等服务，其经营服务的内容具有很强的专业性，例如粮食种植专业合作社、葡萄种植专业合作社等。

第二节　农民专业合作社的
地位作用和意义

实践证明，农民专业合作社是解决"三农"问题的一个重要途径，是发展现代农业、建设社会主义新农村、构建农村和谐社会的一个重要组织基础，也为落实国家对农业的支持保护政策提供了一个崭新的渠道。依法促进农民专业合作社的建设和发展，有利于进一步丰富和完善农村经营体制，推进农业产业化经营，提高农民进入市场和农业组织化程度；有利于进一步挖掘农业内部增收潜力，推动农业结构调整，增强农产品市场竞争能力，促进农民增收；有利于进一步提高农民素质，培养新型农民，推进基层民主管理，构建农村和谐社会，建设社会主义新农村。

1. 提高农民的市场竞争能力和谈判地位，有效增加农民收入

例如，黑龙江省某地许多农民种植万寿菊，以前加工企业从农民手中收花时，平均扣杂税率达32％。后来农民自己组织了万寿菊生产协会，产品集中起来了，协会与加工企业协调，争取到了扣杂税率最高不超过10％的交易条件，仅此1项，就使参加协会的花农每年增收50万元。

2. 保障农产品质量安全，提高农产品品质，增强市场竞争能力

农民专业合作社将农民组织起来，提高农业生产的组织化程度，通过开展农业标准化生产，获得了无公害农产品、绿色食品、有机食品生产基地认证，注册了商标品牌，提高了农产品的质量水平，显著增强了农产品的市场竞争力。例如，浙江某地有一个西兰花产业合作社，制定了西兰花生产技术操作规程、质量安全管理守则等规章制度，统一了生产、用药、施肥等环节，实现从生产到销售的规范化操作程序，产品质量有了可靠保证，统一注册了商标，现在产品已经稳定出口。

3. 带动农业结构战略性调整，有利于形成"一村一品"的产业格局

农民专业合作社围绕当地特色产业、优势产品，组织农民专业化生产、规模化经营，有效促进了特色区域经济的发展，涌现出一大批柑橘村、苹果村、茶叶村、苎麻村、辣椒村、甘蓝村、花卉村、奶牛村、养羊村、养猪村、珍珠村等专业村、专业乡，甚至专业县，形成各具特色的产业带、产业群，推动了"一村一品，一品一"的发展。地处洞庭湖西滨的湖南省汉寿县，在一批珍珠养殖专业合作经济组织的带领下，全县已有1万多农户参与珍珠养殖开发，形成了50多个珍珠村，辐射全县89个渔场和160多个村；合作组织还联合制定了全县统一的《淡水无核珍珠养殖技术规范》，建立了湖南省第一家珍珠专业市场，以"珍珠姑娘"品牌为主的30多种珍珠深加工产品销往北京、香港、澳门以及东南亚、欧美等海外市场；全县珍珠产业年产值达5亿多元，有6 000多农户通过发展珍珠产业建起了楼房，50多位珍珠养殖大户开上了小汽车。

4. 拓宽农业社会化服务渠道，提高农民素质，培养新型农民

农民专业合作社成为人才培训基地、技术推广基地、信息发布基地。农民专业合作社为成员统一提供系列化服务，许多合作社直接到科研院所、大学请专家、教授为成员传授先进实用农业科学技术，解决了政府包不了、村集体办不了、农民又迫切需要的大问题。农户成员通过共同制定各项规章制度，增强了遵纪守法的自觉性，培养了集体主义观念。成员在合作组织中有了更为明确的生产和生活目标，激发了农民干事为创业的积极性。由于有相同的目标，面临同样的困难，使得农户成员常常相互交流经验，相互学习，共同解决难题，不仅提高了农民运用农业科技的能力和水平，还提高了农民互相理解、互相支持的合作意识。

5. 便于农民更直接有效享受国家对农业、农村和农民的扶持政策

面对分散的农户经营，政府支农政策很难落实到位，在一定程度上影响了支农资金的使用效果。成立农民专业合作社以后，支农政策可以面向组织，利于有限的资金发挥更好的作用，便于农民更直接有效地享受国家的扶持政策。

目前，国家高度重视发挥农民专业合作社在促进农民增收、发展农业生产和农村经济中的作用，为了支持、引导农民专业合作社的发展，2006年10月31日，第十届全国人民代表大会常务委员会第24次会议通过了《中华人民共和国农民专业合作社法》（以下称《农民专业合作社法》），2007年7月1日起实施。

明确了合作社的市场主体地位，这是我国首次以法律的形式规范和发展农民专业合作经济组织，为合作社创造了良好的外部发展环境。农民专业合作社创新农村经营体制和机制，建立农村新型服务体系，为农业增效、农民增收，为现代农业和农村经济发展带来广阔前景。

第三节　农民专业合作社的主要类型

农民专业合作社类型繁多，凡是以农民为主体，从事与农业相关的各种专业经营或服务活动的合作社，都属于农民专业合作社的范畴。农民专业合作社可根据不同的标准划分为不同的类型。

1. 按经营产业的范围划分

可以分为种植专业合作社，如粮食、油料、蔬菜、水果、中药材等专业合作社；养殖业专业合作社，如畜牧业、水产业、特种养殖业等专业合作社；加工服务业专业合作社，如加工业、仓储业、运输业等专业合作社。

2. 按经营服务的内容划分

可以分为生产资料供应专业合作社、技术推广专业合作社、产供销一体化专业合作社。

3. 按创办者身份划分

可以分为农村能人型合作社、大户牵头型合作社、龙头企业带动型合作社、为农服务部门兴办型合作社、政府发起型合作社等。

4. 按组建方式划分

可以分为农民自办型合作社、官办型合作社、官民结合型合作社等。

5. 按不同的组织规模划分

可以分为小型合作社、中型合作社、大型专业合作社。

6. 按组织层次划分

可以分为基层专业合作社和专业联合合作社。

第四节　农民合作社产生的渊源及其理论和发展

合作社最早产生于欧洲工业革命时期的英国。18世纪末、19世纪初的英国，工业革命蓬勃兴起，机器生产代替了手工生产，生产力得到大幅提高，工业生产迅速发展。随着资本主义生产方式的改变，资本家对广大劳动群众的剥削和压迫日益加重，弱势群体大量产生，贫苦的劳动群众还要受到商人的盘剥，他们随意抬高物价，销售假冒伪劣产品。在这种情况下，手工业者为了同大机器生产竞争，农民为了对付商人的贱买贵卖，雇佣工人为减少资本家的剥削，保证自己的生活，不得不用组织合作社的办法建立自己的经济组织，以捍卫自己的利益。合作社就是在欧洲大工业机器的轰鸣声中应运而生的。最早有记录的是英格兰的沃尔维奇和查特姆造船厂工人于1760年创办的合作磨坊和合作面包坊。19世纪20年代，英国掀起轰轰烈烈的工人运动，各种合作思想流派随之出现并相继形成，合作社运动也蓬勃兴起。

世界上公认的第一个较成功的合作社是1844年诞生在英国的罗奇代尔公平先锋社，是由该镇28名纺织工人共同发起成立的消费合作社。它首次提出了合作社的组建原则并付诸实施，即成员资格开放和入社自愿；一人一票和民主管理；资本报酬有限；盈余按交易额分配；保证货物的质量和分量；按市价进行交易；只接受现金；保证政治和宗教中立；重视社会教育。

千百年来，农民的生产方式一直是以户为主，自从列宁合作社思想传入中国以后，我国也出现了早期的关于合作社思想萌芽，并也曾经将这部分思想付诸于行动，我国的农村建设也因此走过一段弯路，但这并不能说明合作社思想不适合中国农村。

一、毛泽东的合作社思想

在第一次国共合作时期，毛泽东指出："合作社，特别是消费、贩卖、信用三种合作社，确是农民所需要的。""这样的改革，生产工具根本没有变化，生产的成果也不是归公而是归私的，但人与人的生产关系变化了，这就是生产制度上的革命，是第二次革命。"

到了延安根据地时期，毛泽东说："在农民群众方面，几千年来都是个体经济，一家一户就是一个生产单位，这种分散的个体生产，就是封建统治的经济基础，而使农民自己陷于永远的穷苦。克服这种状况的唯一办法，就是逐渐地集体化；而达到集体化的唯一道路，依据列宁所说，就是经过合作社。在边区，我们现在已经组织了许多的农户合作社，不过这些在目前还是一种初级形式的合作社，还要经过若干发展阶段，才会在将来发展为苏联式的被称为集体农庄的那种合作社。"可见当时毛泽东对列宁合作思想和苏联集体农庄制度的了解都已很透彻。

新中国成立以后，毛泽东指出：我们在农业社会主义改造方面采取了逐步过渡的方法。第一步，在农村中，按照自愿和互利的原则，号召农民组织仅仅带有某些社会主义萌芽的、几户为一起或者十几户为一起的农业生产互助组。然后，第二步，在这些互助组的基础上，仍然按照自愿和互利的原则，号召农民组织以土地入股和统一经营为特点的小型的带有半社会主义性质的农业生产合作社。然后，第三步，在这些小型的半社会主义的合作社的基础上，按照同样的自愿和互利的原则，号召农民进一步地联合起来，组织大型的完全社会主义性质的农业生产合作社。毛泽东这一关于从互助组逐步过渡到完全社会主义性质的农业生产合作社的思想，在1958年"大跃进"期间发展成为组织人民公社的思想。

毛泽东的合作思想，经历了多次变化，但从理论轨迹上看，与马列主义的合作思想还是一脉相承的。它的特点在于，把合作社看作是引导小农从私有制转向集体所有制，进而过渡到共产主义社会的桥梁。

二、刘少奇的合作社理论

刘少奇认为合作社在国民经济建设中以及在由新民主主义过渡到社会主义中的地位与作用非常重要。他还提出：没有合作社，无产阶级就不能在经济上领导农民，不能实现无产阶级与农民的联合，这在新中国的经济建设中是一个带决定性的问题。

三、邓小平的农村合作社经济理论

邓小平认为家庭经营是最适宜农业发展的体制模式，它是中国农业实现现代化的制度基础，是一种更加适应农业生产特性和我国农业生产条件的制度形式。邓小平指出的农业的第一个飞跃，是废除人民公社，实行家庭联产承包为主的责任制。第二个飞跃，是适应科学种田和生产社会化的需要，发展适度规模经营，发展集体经济。但绝不能简单地归结为土地的规模经营，而发展农业产业化与培育农民经营合作组织相结合，是中国农业实现第二个飞跃的最现实的选择。邓小平关于农业家庭经营的理论，是对马克思主义的重大突破和创造性发展，极大地充实了马克思主义关于农业和农村经济发展的理论学说。

第五节　国外合作社的主要模式及发展经验

一、国外合作社的主要模式

由于各个国家和地区经济发展水平和农业发展水平的差异，不同国家和地区的农业合作社发展模式有显著的不同。大体分为以下 3 种模式：

1. 欧洲模式

以德国、荷兰、法国为代表。这些国家的农业合作社以专业合作社为主，其特点是专业性强，大多是根据某一产品或某一项农业功能或任务成立一种合作社，前者如牛奶合作社、小麦合作社，后者如收割合作社、销售合作社等。合作社一般规模较大，本身就是经济实体。为了形成规模优势，同时农业生产经营活动涉及农业产、供、销、信贷、保险和社会服务等各个环节，不仅大多数农户和农业企业进入了不同类型的合作社，许多城镇居民也加入了合作社，形成了比较完整的合作社体系。例如，法国农业合作经济包括农业互助组织、农业合作社和信贷合作社3个方面。截至2007年，法国有农业合作社6 500多个，入社社员13万，90%的农民加入了农业合作社。与此同时，由于欧洲的合作社除了由农户提交股金，有的还吸收了一部分政府的财政补贴，因此，合作社与政府的关系比较密切，农业合作社成为连接农民与市场和政府的纽带及中间组织，政府对农业合作经济组织的多方面政策扶持，有力地推动了农业合作经济组织的不断创新与发展。

2. 日韩模式

以日本、韩国、以色列、泰国、印度和中国台湾为代表，以综合性合作社为主。日本的合作社称为"日本农业协同组合"（农协），是一个全国性的合作组织。综合性合作社的功能涵盖生产、销售等多种业务。日本的农村供销基本上是由农协控制的。农协有较完善的流通体系，其供给农民的生产资料占农户总销售量的74%左右，有的品种甚至更多。农户通过农协销售的农产品达农民年销售量的90%以上。日韩模式之所以以综合模式为主，其原因在于日本、韩国的农业规模小，这些合作社实质上是半官半民的组织，它们完全是在政府支持下建立起来的，与政府的关系非常密切，协助政府推行农村基本经济政策是农协的责任和义务。例如日本政府限制大米生产、鼓励水田旱作的计划，就是由农协最终落实到每个农户的；同时，政府对农业生产的保护措施，如价格补贴也是通过农协进行的；先进农业生产技术的推广普及、低息贷款的发放，都是通过农协的工作完成的。因此，日本的农协具有两重性，一方面是政府推行农业政策的工具，另一方面也是保护农民利益的组织。

3. 美加模式

指美国、加拿大、巴西的大农场、大农业基础上的跨区域合作社模式。这类合作社的主要特点是跨区域联合与协作，以共同销售为主，生产性的合作社非常少，一般一个专业合作社只经营一种产品，但体现了对该产品的深度开发，这种开发不仅包括销售，同时还包括运输、贮藏，尤其是在进行初次加工和深加工方面，最终形成自己的品牌，充分体现了大农业的产业化、现代化特点。例如，美国的农业合作社，以销售合作社的历史最长，数量多，规模大。据《现代农业科技》2007 年第 13 期数据显示，在美国的 4 006 个农业合作社中，有 2 074 个合作社从事农产品销售，占 51.8%。美国的合作社还有信贷合作社及农村电力、电话合作社等。美国政府对农业合作社一般只是在法律和政策上给予一定优惠，并不进行过多干预。美国农业合作社的资金主要来源于农场主入股，以及政府的部分经济开发拨款。20 世纪 90年代以后，美国出现了新一代合作社，之所以被称为新一代合作社，主要是有两条政策使其区别于传统合作社：交货权和社员的有限性。这种与其他合作社不同的社员和资金结构是由于新一代合作社把重点放在加工上所致。在新一代合作社成立之前的可行性研究中，一定要提出合作社将要建立的加工设施的生产容量。一旦有效容量被确定下来，社员向合作社交售产品的数量就能固定下来。为了在潜在社员中分配交货权以及为生产设施的购建筹集资本，首先发行合作社股份。每一股代表社员有向合作社交售一个单位农产品的权利。每一股的售价取决于合作社期望筹集的资金总数以及根据加工设备可能消化的农产品所分成的单位数。

二、国外农业合作社发展的经验

1. 制定或修改相关法律法规，保障农业合作社的权益

目前，全世界已经有 90 多个国家和地区颁布了合作社的相关法律，国外关于合作社的立法主要有两种形式：一种是订立专门的合作组织法律，包括对所有合作组织都适用的总的合作组织法和适用于特定合作组织的特殊法规。例如，美国为支持合作社的发展，于 1926 年制定了《合作社销售法》；德国早在 1898 年就颁布了《合作社法》，其后经过多次修改、补充和完善，已成为与《公司法》同等重要的主体法。另一种是在其他同类企业法规中制定关于合作组织的专门条款和章节。将合作组织作为同类企业的特殊形式，在法律法规中进行一些特殊的规定。无论哪种形式，它们都将合作社定位于一种法人或特定法人，可以享受类似于法人的权利和义务，像公司、企业一样开展经营和日常运作，具有经营自主权。同时也规定，合作社应保持中立，应该有自己的章程，并应到工商、税务等部门登记。从国外的经验来看，合作社都按照现代企业制度模式建立，按照现代公司的方式运营，例如，社员大会或社员代表大会（股东大会）是最高权力和决策机构，每年召开 1 次，由其选出理事会（相当于董事会）作为召集机构。此外，还可选举监事会，监督理事和经理团队的日常工作。这些规定都保证了农业合作社在社会经济活动中的合法地位，使其以法人地位平等地参与市场交易，其相应权益受到国家法律的保护，从而有利于合作组织长期稳定发展。

2. 采用各种经济调节方式，增强农业合作社的竞争力

由于农业合作社是一种互助性质的经济组织，各国政府大都采用财政、金融等优惠政策积极支持其发展。第一，各国对农业合作社往往采用减税、低税或免税的优惠税收政策。例如，美国对农业合作社免缴登记注册税；日本对农业组织征收较低法人税。第二，各国对农业合作社给予财政资助。例如，日本政府对

"农协中央会"的事业费给予补贴；德国政府对农业合作社的管理费用进行补贴；意大利政府向农业合作社提供低利率的优惠贷款。第三，各国通过技术推广和教育培训提高农业合作社的人力资本存量和竞争力。为推进农业现代化，很多国家都把帮助进行技术推广和教育培训视为支持农村合作经济组织发展的一个重要方面。例如，法国政府为各类农业合作社提供上千名技术人员进行技术推广和指导；美国政府设立农业合作社处和推广处专门负责农业技术的推广和教育，同时美国还鼓励职业经理人参与农业合作经济组织的管理与经营，从而提高其竞争力。

3. 通过拓展经营方式和范围，提高农业合作社的盈利能力

第一，进行信息化建设。为了在国际农产品市场上进行有效竞争，争取谈判地位，发达国家的政府为本国的农业合作社提供信息交流设备和平台，提高他们的信息化水平，帮助他们更快速准确地决策。第二，鼓励合作组织之间的再合作，以期积小成大，在同国外农业合作社的竞争中占据有利地位。第三，突破地域限制，保持竞争活力。例如，美国农业合作经济组织可以进行跨区域的组织拓展，吸收新成员，这样可以鼓励区域间农业合作社的良性竞争。第四，突破行业限制，鼓励跨业经营，并延长产业链，为农民获取更多利润。例如，法国政府允许和鼓励农业合作社跨行业发展，并制定了跨行业法，对跨行业组织做出明确界定。

三、现代农业合作社的发展新趋势

1. 合作社资本不断集中

合作社在竞争中为了保证自己的地位，生产规模不断扩大，资本积聚不断加速。例如，联邦德国信用合作社的数量从 1961 年的 10 726 个减少到 1984 年的 3 713 个，但信用合作社社员的总数却从 216 万人增加到 972 万人。平均每个合作社经营的资本金从 1 445 万德国马克增加到 2 090 万德国马克。从 1949 年到

1979 年生产规模 30 公顷以上的农场增加了 419 万个，而规模在 1~30 公顷的农场则减少 8.2 万个。美国农业合作社资本集中的程度更快、更高，全美最大的两家合作社——"农业实地社"和"阿格书公司"，年销售额分别达到 52.4 亿美元和 41 亿美元，分别被美国《幸福》杂志列为当年全国 100 家最大综合服务公司第 7 名和 500 家最大工业公司的第 96 名。丹麦农业合作社发展规模不断扩大，以鸡蛋生产为例，丹麦的蛋鸡合作社只剩下 1 个，但是，它占整个麦鸡蛋销售市场销售额的 55%。合作社规模扩大，使得竞争力增强，市场占有率也不断增加。

2. 合作社在对外经营上注意营利倾向

随着市场竞争日趋激烈，合作社已开始放弃了"不以营利为目的"的原则，开始追求较高的利润率，甚至以获得最大利润为目标。这已成为当代发达国家合作社发展的一种趋向。这是因为：第一，在市场竞争中，市场情况瞬息万变，盈亏全在不稳定之中。因此，合作社的经营者，为在竞争中求生存，尽可能追求利润最大化，以求以丰补歉之效。第二，现代市场竞争就是实力的较量，优胜劣汰，如果合作社不壮大自身的实力，既不能积聚自身的资本，以占领更多的市场份额，也没有积累的盈利作为资本，在竞争对手采取降价措施时无力与对手抗衡。第三，由于现代合作社中引入了多元化的资本，这些资本实行了一般私人资本的经营原则，追求利润最大化，也影响到全部合作社资本。

3. 合作社管理体制有改革趋势

随着市场经济的发展，合作社的传统理论发生变异，出现了整合型合作社理论和市场型合作社理论，使合作社的管理体制发生了变化。现代西方发达国家的合作社多采用市场型合作社理论。在合作社管理中引入了现代企业管理方式或者是采用社企分开的方式，为此合作社引入了资本股份，聘用专家经营管理，社员还可以通过合作社以外的其他渠道获得收益。

13

第六节　我国农民专业合作社的诞生与发展

我国的农民专业合作组织经历了曲折的发展过程。新中国成立后，我国农民合作组织的发展与农村经营体制的变革相生相伴，经历了 4 个不同阶段。

一、农业合作化时期（1952 年至 1957 年）

新中国成立后，党和政府在全国范围内实行了土地制度改革，将封建的土地所有制改造为农民的土地所有制，农民成为拥有自己生产资料的自由生产者。但是，以农民生产资料私有制为基础的小农经济分散、落后，农户仅有少量的土地和简单的生产工具以及其他生产资料，生产规模很小，不能有效使用土地，实行合理耕作，进行扩大再生产。这种小农经济不仅极易走向两极分化，而且也难以适应工业化建设对于大量商品农产品的需要，因而在土地改革完成以后，党和政府采取了由互助组到初级生产合作社和高级生产合作社的农业合作化，对小农经济进行社会主义改造。

互助组一般由几户或十几户农户在个体经营的基础上按照自愿、互利的原则建立，成员的土地和其他生产资料及产品属于农户私有，在农业生产过程中，成员之间开展换工互助，调剂劳力、畜力和农具的使用，组内实行等价交换。也有少数的常年互助组，共同购买了少量共同使用的生产资料。1951 年 12 月，中共中央发布《关于农业生产互助合作的决议（草案）》，对互助合作的作用给予了肯定，极大地促进了互助合作的发展。1951 年，全国共有互助组 467.5 万个，到 1954 年增加到 993.1 万个。参加互助组的农户，1952 年为 4 536.4 万户，占全国总农户的39.9%，到 1954 年达到 6 847.8 万户，占全国总农户的 58.4%。互助组是我国农民合作经济组织最初的萌芽。

1953 年 12 月，中共中央发布《关于发展农业生产合作社的决议》。农业生产合作社的发展经历两种形式：初级生产合作社和高级生产合作社。初级生产合作社是以土地入股、统一经营为特点的部分集体所有制的经济形式。土地、牲畜、农具属于农民私有财产，交给合作社统一使用，农民可以凭借私有财产权获得相应的股金收入。高级生产合作社以生产资料集体所有制为基础，与初级生产合作社不同的是，土地和其他主要生产资料归全体社员共同所有，收入按照社员参加集体劳动的工分分配，不再支付土地报酬和其他生产资料报酬。由于初级生产合作社坚持农户自愿原则，保护了农户的私有财产权，因而受到了多数农户的欢迎。从 1951 年年底到 1954 年年底，初级生产合作社由 300 多个增加到 48 万个，到 1955 年 6 月，全国已有 65 万个初级生产合作社，入社农户 1 688 万户。之后，中共中央通过了《关于农业合作化问题的决议》，要求以更快的速度推进农业合作化。在此这种方针的指导下，从 1955 年下半年起，全国掀起了以发展高级生产合作社为特点的农业合作化高潮。1955 年 6 月，高级合作社只有 500 个，入社农户约 4 万户。1956 年底，高级合作社增至 544 万个，入社农户达 10 742 万户，占全国总农户的88%。1957 年年底，全国农村高级合作社增加到 75.3 万个，入社农户的比重达 96%以上。高级生产合作社成了合作化的基本形式。

二、人民公社时期（1958 年至 1982 年）

1958 年 8 月，中共中央通过《中共中央关于在农村建立人民公社的决议》。之后的两个多月，全国 74 万多个农业生产合作社被改组为 2.6 万多个人民公社，加入公社的农户达 1.2 亿户，占全国农户总数的 99%以上。从 1962 年开始，农村人民公社经过调整，最终确定以生产队所有制为基础的三级所有制（公社、大队、生产队所有制）作为人民公社的基本制度，并一直延续到农村改革的初期。

人民公社组织的基本特征可以概括为"政社合一""一大二公"。所谓"政社合一"，是指人民公社既是农村社会结构的基层单位，又是农村政权组织的基本单位，还是农民群众联合的集体经济组织，融经济、政治、文化诸方面功能于一体。"政社合一"完全违反了社员入社自愿的原则，极大地助长了强迫命令和生产瞎指挥。所谓"一大二公""大"是指规模大，经营范围广。1957年，高级生产合作社的平均规模为160户，1959年，人民公社的平均规模达到5 000多户；人民公社的经营包括农林牧副渔，实行工、农、商、学、兵五位一体。"公"是指生产资料公有化程度高。人民公社实行集体经济组织模式，不允许私有经济成分存在，高级合作社财产和社员的私有财产都转归人民公社共有，取消自留地。在全社实行统一经营、统一分配、自负盈亏。1962年，经过调整，核算单位由公社改为生产队，劳动力归生产队所有，产品由生产队分配，农户作为生产经营单位被否定，农民成为集体劳动者，农民的生产资料所有权和对生产经营的支配权被完全剥夺。

以人民公社为组织形式的农业集体化通过政治运动的形式进行，给农村经济和社会带来了很多不利影响。农业生产发展迟缓，农民收入和农村经济发展长期徘徊，人民生活水平增长陷于停滞。在农村集体经济制度框架下，农民财产权利与各种经济权利完全丧失，农民的经济活动受到严格限制，农民合作经济组织被严重扭曲。

三、农村新型合作经济时期（1983年至2007年6月）

党的十一届三中全会以后，我国农业和农村经济改革从各个方面逐步展开。农村家庭联产承包责任制的实行和人民公社解体，从根本上确立了农户的独立经济地位，极大调动了农民的生产积极性，为农村商品经济发展创造了良好条件。1985年以后，党中央、国务院逐步改革农村统购统销制度，形成了以市场调节为主的农产品流通体制，农村经济逐步面向市场。在这种背景下，我国的农民专业经济合作组织进入了新的发展时期。从20世纪80年代初至2007年6月，其发展又可分为以下3个阶段：

1. 20 世纪 80 年代初至 90 年代初

新型农民合作经济组织的萌发阶段。这一时期的合作经济组织名称多为"专业技术协会"，活动内容为技术合作和交流。农民专业技术协会由于合作领域窄、层次低，会员与合作组织之间呈现"松散型"关系，当会员掌握某些方面的技术后，组织就处于自生自灭的状态。

2. 20 世纪 90 年代初至 90 年代后期

新型农民合作经济组织的起步阶段。农民合作组织由技术合作型向技术经济合作型升级，除了从事技术合作外，还为会员提供生产资料供应、市场信息、产品销售、农产品贮藏及运输等服务。以从事农产品销售为主的合作经济组织大量兴起，专业协会、专业大户、各类农村经济组织、农业龙头企业纷纷牵头兴办，活动范围逐步扩大。

3. 21 世纪初至 2007 年 6 月

这一时期，一方面，我国各类合作经济组织发展很快，数量规模不断扩大，并呈现出多样性，例如农民专业技术协会、农产品合作社、农产品行业协会等，它们在组织形式、运行机制、发展模式以及服务内容和服务方式上具有不同特点，有的已有相关法律、行政法规予以规范。另一方面，农民专业经济合作组织成员共同投资，兴建从事农产品加工经济实体的农民专业合作社，成为这一时期的突出特点，在促进农民发展产业、搞活经济、致富增收方面的作用越来越强，给农业和农村经济注入了新的活力。在这一时期，全国大多数省份都制定了扶持农民专业合作组织发展的政策措施，促进了农民专业合作组织的快速发展。据农业部2007年年初公布的数据，截至2005年底，全国已有农民专业经济合作组织 15 万多个，加入的农户 2 363 万户，占全国农户总数的 9.8%，带动非成员农户 3 245 万户，占农产总数的 13.5%；两类农户合计占农户总数的 23.3%。农民专业合作经济组织带动成员增收幅度比一般农户普遍高 20%～50%。

四、深化发展阶段（2007 年 7 月 1 日至今）

为支持、引导农民专业合作社的发展，2006 年 10 月 31 日第十届全国人大常委会第 24 四次会议通过了《中华人民共和国农民专业合作社法》，并于 2007 年 7 月 1 日起施行。从这时开始，法律赋予了农民专业合作社的市场主体地位。与此同时，《农民专业合作社登记管理条例》《农民专业合作社示范章程》等国家法规、规章也开始施行，使农民专业合作社在有法可依的条件下得以不断完善并发展。为规范农民专业合作社财务会计工作，农业部和财政部联合发布了《农民专业合作社财务会计制度（试行）》，自 2008 年 1 月 1 日开始施行。党的十七大把发展农民专业合作组织写入了党的全国代表大会政治报告。这意味着我国农民专业合作组织必然会有大的发展。农民专业合作社显示了良好发展势头。以北京市为例，截至 2008 年年底，北京市已有专业合作组织 2 266 个，与 2007 年相比增加了 657 个，与 2006 年相比增加了 958 个。其中的专业合作社 2008 年已有 2 082 个，与 2007 年相比增加了 879 个，与 2006 年相比增加了 1 601 个。农民专业合作社不但数量增加了，而且，农民的法律意识也明显增强了，从专业合作社登记的数量上可以明显看出，2007 年 1 203 个专业合作社中，只有 756 个进行了登记。而 2008 年已有的 2 082 个专业合作社中，有 2 080 个进行了登记，登记数量已经接近 100%。农民专业合作组织中的专业协会 2006—2008 年逐渐减少，2006 年 464 个，2007 年 396 个，2008 年 178 个。2008 年获得财政扶持资金的专业合作组织数共 294 个，比 2007 年增加了 60 个。其中，区县财政扶持 223 个，比 2007 年增加

29 个。北京市农民专业合作组织 2008 年获得财政扶持资金 8 042万元，比 2007 年增加了 1 709 万元。其中，中央财政扶持 40 万元，比 2007 年减少 293 万元；市级财政扶持 3 401 万元，比 2007 年增加 2 030 万元；区县财政扶持 4 601 万元，比 2007 年减少 25 万元。

第二章

农民专业合作社的设立和登记

我国农民专业合作社处在起步阶段，各地农民专业合作社处在试点探索之中，形式多样，不论哪种形式，在组建时应明确农民专业合作社的指导思想和基本原则，以少走弯路为准则。

第一节　组建农民专业合作社的基本原则

目前，各地农民专业合作社发展很快，数量不断增加，规模不断扩大，涉及的行业和领域日益广泛，农民参与的积极性越来越高。根据国际合作社原则以及各地的实践和试点情况，发展我国农民专业合作社应遵循以下主要原则：

一、坚持以家庭承包经营为基础

长期稳定并不断完善以家庭承包经营为基础、统分结合的双层经营体制，是党在农村的一项基本政策，任何时候都不能动摇。我国农村人口众多，耕地资源紧缺，而且在不断减少，这是我国基本国情。因此，发展农民专业合作社必须立足我国基本国情，维护农村家庭承包的法律地位，不侵犯农民生产经营自主权和家庭财产所有权，按照合作基本原则，规范内部章程，完善经营机制，提供有效服务，增加农民收入。这样，就能得到越来越多农民的依赖和参与。

二、因地制宜、多样发展

各地产业发展状况不同，不同产业、产品所需要的具体组织形式也不同。在发展农民专业合作社的过程中，一定要坚持因地制宜，多领域、多形式、多层次发展。可兴办生产合作型、销售合作型，也可以兴办中介服务型、科技服务型；可以由专业生产经营大户和专业技术干部牵头兴办，也可以依托龙头企业、市场或基地兴办。凡是能够为农民提供生产经营服务，对接企业、连接市场、带动产业、促进增收的农民专业合作社，都应大胆地实践和发展，可以先发展后规范，边发展边规范。

三、坚持民主自愿，不搞强迫命令

发展农民专业合作社，必须坚持民主自愿的原则，按照"入社自愿，退社自由"的要求，农民是否加入合作社要遵循农民的意愿，做到推动而不强迫，扶持而不干预，参与而不包办，积极引导，大力扶持，真正做到"民办、民管、民受益"。所谓"民办"就是按照农民的意愿和要求，以农民为主体，按照农民的意愿，独立自主地开展劳动合作、技术合作、营销合作和资本合作，不搞强迫命令。所谓"民管"就是农民专业合作社的管理人员要由成员选举产生，农民专业合作社的制度和章程，要由成员民主制定，农民专业合作社的重大事项要由成员（代表）大会讨论决定，实行民主选举、民主决策、民主管理、民主监督，要充分保障成员对组织内部各项事务的知情权、决策权和参与权。所谓"民受益"，就是坚持对内服务不以营利为目的，通过无偿或低偿服务、保护价收购、一两次返利等办法，使成员通过合作社经营获取更大经济效益，享受真正的经济实惠，保护成员的合法权益。各级政府不能代替合作社进行决策，不能任命负责人，不能干预合作社的经济活动。

四、坚持围绕农民增收的主线

农民专业合作社是否有强大的生命力，关键是能否给参加合作社的成员增加经济收入，这既是扶持创办农民专业合作社的出发点，也是广大农民拥护农民专业合作社的最终愿望。因此，在组建和引导合作社时，要紧紧抓住提高农民收入这一主线，在提供市场信息、应用现代科技、推动农产品标准化、提高农产品质量安全和竞争力，特别是市场营销等方面开展服务，努力增加成员收入。

五、坚持对内提供服务、对外参与市场竞争

农民专业合作社要牢固树立服务意识，把为成员服务作为最基本的宗旨，积极创造条件，对内为成员提供无偿或低偿的产前、产中、产后的各种服务，不以营利为目的；对外作为一个经济实体积极参与市场竞争，在提高农产品质量和增加附加值上下功夫，实现成员利益的最大化。

六、坚持合作制分配

农民专业合作社作为独立运行的经济实体，一定要建立利益共享、风险共担的经营运行体制。在分配盈余时，应留有一定比例的公共积累资金，用于应付市场风险和巩固自身发展，其余应按照成员投资额的比例分红和按照交易额的比例返还。

第二节　组建农民专业合作社的条件

一般来说，不同地区的农民专业合作社成立的具体条件有所差异，组建农民专业合作社应当具备以下 5 个条件：

一、成员符合两个要求

1. 成为农民专业合作社社员的条件

《农民专业合作社法》第十四条规定，具有民事行为能力的公民以及从事与合作社业务直接有关的生产经营活动的企业、事业单位或社会团体，能够利用合作社提供的服务，承认并遵守合

作社章程，自愿提出入社申请，认购股金，经筹备小组讨论通过，可以成为合作社社员。但是，具有管理公共事务职能的单位不得加入农民专业合作社。

2. 成员的数量以及农民成员和企业单位、社会团体成员所占的比例

《农民专业合作社法》第十五条规定，农民专业合作社成员中，农民专业合作社的社员总体构成应当符合法律规定，即农民专业合作社的社员中，农民至少应当占社员总数的 80%。社员总数 20 人以下的，可以有一个企业、事业单位或者社会团体社员；社员总数超过 20 人的，企业、事业单位和社会团体社员不得超过社员总数的 5%。合作社中从事生产的成员应占成员总数的一半以上。

二、有符合法律规定的章程

有符合法律规定的章程，即农民专业合作社章程。

三、有符合法律规定的组织机构

农民专业合作组织管理机构一般包括以下几个层次：第一层次是成员代表大会，它是专业合作组织的最高权力机构，也是决策机构；第二层次是理事会和监事会，它是执行机构，对成员大会或成员代表大会负责；第三层次是理事长，即专业合作组织的法人代表，负责理事会的日常工作；第四层次是内部机构，具体负责专业合作组织的生产、经营、销售等各个环节，上联理事会，下联农户，是专业组织具体的办事机构。

四、有符合法律、行政法规规定的名称和章程确定的住所

五、有符合章程规定的社员出资

社员出资方式和评估方式：农民专业合作社成员可以用货币

出资，也可以用实物、知识产权等能够用货币估价并可以依法转让的非货币财产作价出资。成员以非货币财产出资的，由全体成员评估作价。成员不得以劳务、信用、自然人姓名、商誉、特许经营权或者设定担保的财产等作价出资。

按照以上5个条件的要求，由发起人进行组建农民专业合作社的筹备工作。发起人要对本地区、本行业农民群众及其经济组织对组建农民专业合作社的认识程度与合作需求状况、合作的重要性与必要性、专业生产经营的现状、市场前景与竞争对手等多方面情况进行认真调查研究和分析论证，然后确定组建何种类别、性质的农民专业合作社和所要组建的农民专业合作社的活动和经营范围，对组建农民专业合作社进行可行性分析论证。

第三节　组建农民专业合作社的步骤和程序

组建农民专业合作社，要经过一定的法律程序取得法人资格，才能参与民事和经济活动，为自己取得民事权利，确立民事义务。创建的基本步骤和程序有：发起；进行可行性分析论证；确定农民专业合作社名称和住所；起草专业合作社章程；制定经营管理制度；吸收成员入社；召开成立大会；注册登记，取得法人资格。

一、发起

1. 发起人

农民专业合作社主要由发起人筹备组建。发起人是发起并组建农民专业合作社的创始人，负责农民专业合作社成立前的策划、组织、协调、宣传及各项规章制度的制定工作。农民专业合作社的发起人应当是从事同类或相关的农产品生产经营的自然人和企业法人，例如专业大户、技术人员、龙头企业等。发起人至少要有 5 人以上，组成筹备工作小组。农民专业合作社发起人一般应具备的条件：①坚持党的路线、方针、政策，政治思想素质好，自身综合素质较高，组织能力较强，为人正派，办事公道；②掌握有关的专业技术知识，有较好的业务素质；③从事的业务活动在本行业或本地区内有较大的影响力，一般为从事同类或相关农产品生产经营的专业大户（或综合生产经营大户）、农产品经纪人、技术能手、基层供销社职工、村支"两委"干部及其他社会能人；④具有完全民事行为能力；⑤热爱合作事业，愿意为农民专业合作社工作。

农民专业合作社发起人在专业合作社的组建过程中起着至关重要的作用，其主要职责有：①进行可行性论证；②草拟章程；③组织筹建合作组织的各项事宜；④吸纳成员；⑤向有关部门申请审核后，进行注册登记；⑥筹备召开成立大会；⑦向大会报告前期筹备工作情况。

如果发起人是多个，在发起过程中需要签订发起人协议书，具体内容包括：①发起人的名称、住所，法定代表人的姓名、住所、职务；②所组建的专业合作社的名称、住所③专业合作的宗旨、经营和服务范围；④专业合作社设立方式、组织形式；⑤专业合作社的注册资金、股份总额；⑥发起人的权利和义务；⑦协议的生效和终止；⑧订立协议的时间、地点、发起人签字；⑨其他需要载明的事项。

2. 发起人登记

农民专业合作社发起人在筹建合作社的过程中要填写登记表，为申报注册登记做准备。发起人登记表的内容包括发起人的基本情况、身份证明、家庭住址及本人简历表等。

下面是××农民专业合作社发起人（自然人）登记表，供参考。

××农民专业合作社发起人（自然人）登记表

发起人姓名		工作单位		
政治面貌		出生年月	性别	
民族		电话	邮编	
地址		身份证号		
职业及职		务专职或兼职		
业务范围				
组织活动地域				
发起人简历				

3. 发起人的倡议书

发起人在拟组建农民专业合作社的过程中，需要起草发起倡议书，目的就是让成员都明白所组建的专业合作社的宗旨、目的、经营和服务范围，加入组织之后的权利和义务，享有的优惠政策，以便广大农民能积极参加。

下面是××合作社发起倡议书，供参考。

××合作社发起倡议书（示范文本）

各养殖大户、营销大户、经纪人或企业（公司）：

为提高农民的组织化程度，提高市场竞争力，有效保护广大农民的经济利益，增加农民的收入，经发起人×××、×××于××年×月×日召开筹备会议研究决定，拟成立××专业合作社，现提出倡议如下：

本组织是在农村家庭承包经营基础上，通过为成员提供产前、产中、产后服务，以提高其成员的组织化程度，增加成员经济收入，依法维护成员的合法权益为目的。

凡是从事本组织相同产业，承认并遵守本组织的章程，具有民事行为能力的农民、企事业单位、社会团体及其他人员，均可提出申请加入本组织。本组织"民办、民管、民受益"的原则，采取一人一票表决制，实行自主经营、自我服务、民主管理、共同发展。成员享有平等权利，利益共享、风险共担，加入组织自愿，退出组织自由。加入本组织享有以下权利：（1）有权参加本组织成员大会，并享有表决权、选举权和被选举权；（2）利用本社提供的服务和生产经营设施；（3）按照章程规定或者成员大会决议分享盈余；（4）有权对本组织的工作提出质询、批评和建议，对其工作进行监督；（5）有权建议召开成员大会或成员代表大会；（6）有权拒绝本组织不合法的负担；（7）有权提出申请退出本组织；（8）章程规定的其他权利。加入本组织的成员还要履行下列义务：（1）遵守本组织章程及其他各项规章制度，执行成员大会或成员代表大会的决议；（2）维护本组织利益，维护本组织共有财务；（3）积极参加本组织活动；（4）严格履行与本组织签订的承包、服务、借贷合同；（5）按规定缴纳股金或会费；（6）办理本组织委托的其他事项。

参加组织的成员能得到组织提供的下列优惠服务：（1）对成员进行技术指导和服务，引进新技术、新品种，举办技术培训、示范，开展技术交流，组织对外经济技术协作；（2）收购和推销成员生产的农畜产品；（3）采购和供应成员所需的生产资料和生活资料；（4）采购和供求、生产等信息服务，对外签订合同；（5）享受国家和地方政府所提供的优惠政策。

本组织初次缴纳的会费或订购的股金为××元。

欢迎加入我们的组织，这是我们自己的组织，也是我们共同致富的家，所有成员都是大家庭中平等的一员，都将充分行使合作社章程规定的各种权力，享受合作社所带来的各项利益。让我们×××合作社像朝阳一样冉冉升起，蓬勃向上，取得更辉煌的业绩；让我们一同走向富裕之路。

倡议人：×××

×××

×××

二、进行可行性分析论证

进行可行性分析论证是组建农民专业合作社的基础性工作。发起人要对本地区、本行业农民合作的需求状况，专业生产的现状、市场前景、竞争对手等进行认真调查研究，确定所要组建合作社的活动和经营范围。在农民专业合作社成立前，应主动和相关单位协调沟通，听取其意见和建议。一是和农产品的购买方进行联系，建立初步的合作意向，畅通销售渠道；二是和县乡农业科研单位、农技推广部门联系，在引进推广新品种、新技术方面获得他们的支持。

三、确定农民专业合作社名称和住所

首先，任何农民专业合作社都必须有自己的名称，且只能使用一个名称。农民专业合作社的名称应当体现本社的经营内容和特点，并符合《农民专业合作社法》及相关法律和行政法规的规定；要求由行政区划、字号、行业、组织形式依次组成，其组织形式统一标明为"合作社"，必要时还可突出品牌名，例如"北京五彩田园种植专业合作社"。对于名称的规定要使用全称，有简称可一并记载，以向工商局取得的企业名称预先核准通知书为准。其次，应当明确其住所，也就是农民专业合作社的办公地点。但是，从农民专业合作社的组织特征、交易特点出发，不必苛求其要有一个专属于自身的法定场所，其住所可以是专门的场所，也可以是某个社员的家庭住址。刚发起时社员较少的农民专业合作社可以选择在发起人、生产经营大户的家里，也可以与龙头企业、村支"两委"的办公室一起办公；有一定条件的农民专业合作社应修建自己的经营用房和办公室。住所地的确定，由农民专业合作社的全体社员通过章程自己决定。经登记机关登记的农民专业合作社的住所只能有一个，农民专业合作社的住所应当在登记机关管辖区域内。变更住所，必须办理变更登记。

四、起草专业合作社章程

章程是农民专业合作社设立内部组织机构、开展活动的基础和依据，制定章程是农民专业合作社设立的必要条件和必经程序之一。首先，制定章程要遵守法律法规，在《农民专业合作社法》及其他相关法律法规规定的框架内制定。其次，农民专业合作社章程在起草之后，要广泛征求拟入社社员的意见进行修改，经设立大会讨论通过，章程应当采用书面形式，全体设立人在章程上签名、盖章。最后，修改章程要经社员大会做出修改章程的决议，并应当依照法律规定，由本社成员表决权总数的 2/3 以上通过。章程也可以对修改章程的程序和表决权数做出更严格的规定。农民专业合作社章程应当载明的事项包括以下内容：

1. 名称和住所

名称和住所是订立农民专业合作社章程所应具备的一项基本内容。即应在章程中明确规定本社所使用的名称和住所。对于名称的规定要注意使用全称，有简称可一并记载。以向工商局取得的企业名称预先核准通知书为准。

2. 业务范围

章程中应当明确农民专业合作社设立后所从事经营的产品或服务的内容，这也是进行工商登记时，确定农民专业合作社经营范围的依据。章程载明的业务范围内容应与工商行政管理部门颁发的《农民专业合作社法人营业执照》中规定的主要业务内容相符。例如，组织采购、供应社员所需的生产资料；组织收购、销售社员生产的产品；开展社员所需的运输、贮藏、加工、包装等服务；引进新技术、新品种，开展技术培训、技术交流和咨询服务等。最终以工商管理机关核实为准。

3. 成员资格及入社、退社和除名

成员资格是指某种社会组织规定他人加入本组织、取得成员身份所应具备的能力。这种能力的取得必须具备一定条件，同时要履行相关手续。农民群众加入某专业合作社，取得其成员的资格，同样应具备该社章程规定的条件，如一定的出资条件；符合该社的服务范围；履行规定的程序等。

入社程序，是在章程中明确规定加入本社成为成员的程序。农民专业合作社的成员加入也应具有一定条件并履行一定的程序；这种加入条件、履行的程序等，都需在章程中做出规定。

退社程序，成员退社如同他的入社一样要实行自由原则。当农民专业合作社经营不善，不能为成员提供较好服务，甚至经营亏损时就会有成员不满意而退社。退社也需要有一定的程序，如对于这种退社应如何进行财产结算，应如何避免退社给本社经营或其他成员造成损失，对于该成员在本社期间的亏损应如何承担责任等，都需要有明确的规定。

除名程序，虽然农民专业合作社实行"入社自愿，退社自由"的原则，但当某一成员存在损害其他成员利益的行为或出现其他不宜继续留在社内的情况，而他本人不提出退社时，就需要按规定将其排除社外。通常采取除名方式，即从组织上将其予以除名，在财务上予以结算财产关系。这种除名应经全体成员一致同意，即全体成员通过"强行"办法与被除名成员解除"合作"关系。

4. 成员的权利和义务

成员的权利和义务即通过章程规定的本社成员在社内所享有的各项权利与承担的各项义务。其权利主要包括享受本社提供的服务，参与本社有关重要事项的决策等。

5. 组织机构及其产生办法、职权、任期、议事规则

组织机构即通过章程规定的本社内部管理的组织机构，如理事会、监事会或执行监事、总经理等。理事长或者理事会、执行监事或者监事会的职权，他们的任期以及议事规则也由章程规定。如果设立社员代表大会，社员代表的产生办法和任期、代表比例、代表大会的职权、会议的召集等也要由章程规定。

6. 社员的出资方式、出资额

社员的具体出资方式、出资额以及出资期限，均由章程决定。社员可以用货币出资，也可以用库房、加工设备、运输设备、农机具、农产品等实物、技术、知识产权或者其他财产权利作价出资，但不得以劳务、信用、自然人姓名、商誉、特许经营权或者设定担保的财产等作价出资。社员以非货币方式出资的，由全体社员评估作价，《农民专业合作社》没有设置农民专业合作的法定最低出资额。以非货币方式作价出资的社员与以货币方式出资的社员享受同等权利，承担相同义务。

7. 财务管理和盈余分配、亏损处理

通过章程本社内部制定一套完备的财务管理制度。一是要对外开展经营活动将成员处收购来的农产品拿到市场去销售；二是要从市场采购相关的生产资料向成员销售，如种子、化肥与农药等并为其提供技术、信息等相关咨询，即要与成员发生交易关系；三是合作社的经营要进行相应的财务核算与管理。

农民专业合作社虽然不以营利为目的，但它要开展经营，从事交易也会有所收益或盈余。对于这种收益与盈余，一方面可以留在本社用于发展生产经营，更好地为成员提供服务；另一方面，当这种收益与盈余达到一定金额时也应对成员进行必要的分配。对于这种收益与盈余的分配方式应通过章程加以规定。

农民专业合作社作为经营组织在经营活动中可能产生亏损，对于亏损的处理，既可通过继续出资的方式，也可以通过资金弥补的办法加以解决。不管通过何种方式解决，都要在章程中做出规定，以便这类问题出现时能够及时进行处理，保证经营的正常与连续性。

8. 章程的修改程序

农民专业合作社章程是合作社修改农民专业合作社的"纲领"性文件，合作社开展章程修改要经社员大会讨论，并应经社

员表决权总数的 2/3 以上通过。章程可以对修改章程的表决权数做出更高的规定。同时，修改章程的具体程序，也需在章程中明确规定。

9. 解散事由和清算办法

农民专业合作社在经营中因出现经营不善发生巨大亏损、章程规定的期限届满，确定本社目标已经完成等情况，都可能解散。有下列情形之一，经社员大会决议，报登记机关核准后解散：①社员人数少于 5 人；②社员大会决议解散；③本社分立或者与其他农民专业合作社合并后需要解散；④因不可抗力因素致使本社无法继续经营；⑤依法被吊销营业执照或者被撤销等。因①、②、④原因解散的，应当在解散事由出现之日起 15 日内由成员大会推举成员组成清算组，开始解散清算。

清算是对解散后合作社的财产和债权债务所进行的清理与清偿活动，一般清算要以资产大于债务为前提（对于资产小于债务的清算要通过破产程序，经人民法院来处理）。清算组自成立之日起接管农民专业合作社，负责处理与清算有关未了结业务，清理财产和债权、债务，分配清偿债务后的剩余财产，代表农民专业合作社参与诉讼、仲裁或者其他法律程序，并在清算结束时办理注销登记。

为此，章程应对解散与清算的具体方法做出规定。

10. 公告事项及发布方式

为保证农民专业合作社的社员和交易相对人及其他利害关系人及时了解其生产经营以及其他重要情况，章程应当根据合作社的业务特点和社员、债权人分布等情况，对有关情况的公告事项和方式做出规定。

对于特殊需要通过公告告知的事项，应在章程中连同公告方式一同做出规定。

11. 需要规定的其他事项

农民专业合作社是一个经营性组织，处于连续经营中，在此过程中往往会出现一些意想不到的情况。因而，对于一些情况，允许农民专业合作社根据自身情况，在章程中规定一些特定的内容。

五、制定经营管理制度

为规范经营管理行为，农民专业合作社在有章程约束、规范的基础上，还需要制定具体的经营管理制度，包括组织机构的设置、会议制度、工作规则、日常经营管理制度、财务会计制度等。这些规则和办法由发起人制定，并在第一次成员大会上交全体成员讨论通过后实施。

六、吸收成员入社

农民专业合作社在吸收农民入社时要做好以下几项工作：

1. 认真审查入社申请书的内容

申请书可以使用固定格式的印刷品，可以由农民直接手写。下面是某合作社成员入社申请书，供参考。

×××农民专业合作社成员入社申请书

户主姓名		性　别		出生日期	
政治面貌		文化程度		家族人口	
家族纯收入（元）		身份股（元）		投资股（元）	
地址					
户主申请					
理事会意见					

2. 规范入社股金收据

合作社在未注册登记前，由于没有公章，只能由发起人按申请人名单造册收取股金，并由出资成员签名盖章，待合作社正式注册登记后，使用统一的股金收据。

3. 制发成员证

成员认缴出资后，合作社要统一制发成员证，以确定其身份。下面是某农民专业合作社成员证，供参考。

××市（县）××专业合作社

成
员
证

（封面）

使用须知

一、本证持有者享受合作社所有优惠政策；

二、本证为加入合作社的农户办理业务事宜的证明，不得转让、买卖；

三、本证加盖公章后生效，不得涂改；

四、如有遗失，经开具证明，核实后补发新证，退社时交回。

（封二）

```
┌──────────────────────────────────┐
│                        ┌───────┐ │
│                        │       │ │
│                        │       │ │
│                        └───────┘ │
│                                  │
│   姓　名            性别         │
│   出生年月          民族         │
│   政治面貌          编号         │
│   入社时间                       │
│   从事的生产或经营项目           │
│   住　　址                       │
│   联系电话                       │
└──────────────────────────────────┘
```

(第1页)

种（养）植（殖）情况和产品交售

年　　月	种植面积（养殖数量）	预效产品数量	产品交售数量

(第2页)

分红及盈利返还情况

年　月	分红数量（元）	盈余返还数量（元）	签字

（第 3 页）

股金登记本

年　月	入股人金额	收款人签字

（第 4 页）

成员的权利

一、享有选举权和被选举权；

二、享有参与本社重要事宜和重大决策的权利；

三、享有对社务活动的批评、建议和监督的权利；

四、享有查阅本社有关会议记录和财务报告的权利；

五、享有要求本社为其提供产前、产中、产后等有关服务的权利；

六、享有按交易量"二次返利"的权利；

七、享有按投资股金分红的权利；

八、享有本社章程规定的其他权利。

（封三）

成员的义务

一、遵守本社章程；

二、足额缴纳加入本社的身份股金，自愿缴纳投资股金；

三、遵守本社的规章制度；

四、执行成员（代表）大会的决议；

五、执行理事会的决定；

六、参加本社组织的活动；

七、维护本社的利益和声誉；

八、本社章程规定的其他义务。

（封底）

七、召开成立大会

社员人数和出资总额达到章程规定的数额，完备了组建的各项条件后，由发起人筹备小组组长主持召开农民专业合作社的设立大会。设立时自愿成为该社社员的人为设立人。设立大会作为设立农民专业合作社的重要会议，《农民专业合作社法》第十一条规定了其法定职权，包括以下几项：

（1）通过本社章程，章程应当由全体设立人一致通过。

（2）选举产生理事长、理事、执行监事或者监事会成员。

（3）审议其他重大事项，如讨论修改和本组织章程、本组织内部各项经营管理制度、本组织年度工作计划和其他有关事项。

由于每个农民专业合作社的情况不同，需要在设立大会上讨论通过的事项也有所差异，所以法律对设立大会的职权做了弹性规定，以符合实际工作需要。设立大会召开前，重点要做好以下工作：一是起草大会主持词；二是准备好业务主管部门对成立该合作社的批复；三是宣读合作社章程；四是写好筹备工作报告；五是起草选举办法及说明；六是确定专业合作社的管理机构。

1. 撰写设立大会主持词

下面是××合作社设立大会主持词，供参考。

××合作社设立大会主持词（范本）

同志们：

　　××合作社设立大会现在开始。这次会议的主要内容是：设立××合作社，通过组织章程和选举组织领导班子，商定经费管理办法。

　　设立大会的议程：一是宣读《关于准予设立××合作社的批复》；二是筹备组负责人报告筹备工作；三是表决通过合作社章

程；四是选举领导机构；五是当选理事长、监事长讲话；六是领导讲话。

按议程进行大会第一项，请××宣读《关于准予设立××合作社的批复》。

××××……

第二项，请××作筹备工作报告。

××××……

第三项，请××宣读《××合作社章程（草案)》。

××××……

以上章程请大家审议，如有意见，请发言。

如同意，请鼓掌通过。

第四项，请××宣读领导机构选举办法。

××××……

以上选举办法请审议。

若无异议，请鼓掌通过。

请××宣读理事、理事长、监事、监事长等候选人名单。

×××、×××……

对以上候选人酝酿。

若同意，请鼓掌通过（或投票选举，宣布选举结果)。

请理事会、监事会分别召开会议，推选常务理事、理事长、监事长。

下面宣读当选常务理事、理事长、监事长等人员名单：

×××、×××……

以上选举，若无异议，请鼓掌通过。

第五项，请当选理事长××、监事长××讲话。

××××……

第六项，热烈欢迎××领导讲话。

××××……

最后，宣布××合作社设立大会到此结束。

2. 起草筹备工作报告

筹备工作报告是设立大会将予审议的一项重要内容。起草筹备工作报告要把握以下几点：明确筹备成立专业合作组织的必要性和重要性；重点突出筹备阶段都做了哪些具体工作；明确筹备工作已完成，成立的条件和时机已成熟，可以举行第一次大会。

下面是××合作社筹备工作报告，供参考。

××合作社筹备工作报告（范本）

（××年×月×日）各位领导、各位来宾、各位成员代表：

我受××合作社筹备组的委托，向大会汇报筹备工作情况，请审议。

一、关于筹备工作情况

（写合作社成立的必要性……）为此，我们于××年×月开始酝酿筹建××合作社，到目前为止主要做了以下几个方面的工作：

（1）研究制定了筹备工作方案。……

（2）召开了发起人会议。……

（3）向有关部门申报设立。……

（4）开展了成员申报登记工作。……

（5）其他。……

至此，××合作社的各项筹备工作已基本就绪。

二、关于章程的说明

（写章程形成过程）……这次将提请大会讨论的章程，共×章×条。第一章总则，第二章，第三章……

三、关于组织机构的说明

根据推荐，经筹备组研究，向大会推荐理事会、监事会候选人×名，其中，常务理事候选人×名。监事候选人×名；名单已发给大家。理事和监事候选人情况及确定依据是……

合作社理事长拟请××同志担任。

合作社监事长拟由××、××同志担任。

说明到此结束，拟请大家选举。

3. 选举办法及说明

根据农村实际情况，选举办法越简单明了越好，农民更容易接受，注明选举的人数，候选人提名的程序、选举方式和办法即可。

下面是××合作社制定的选举办法，供参考。

××县××乡××村葡萄合作社选举办法（范本）

1. 根据《××县××乡××村葡萄合作社章程》制定本选举办法。

2. ××县××乡××村葡萄合作社理事会，理事采取等额无记名投票方式选举产生，理事候选人15名，应选15名。

3. ××县××乡××村葡萄合作社监事会，监事采取等额无记名投票方式选举产生，监事候选人15名，应选15名。

4. 选举工作设总监票人1名，监票人2名，计票人2名，具体负责大会选举的监票和计票工作，监票人、计票人由代表大会通过，在总监票人的领导下进行工作。

5. 每张选票所选人数等于或少于应选人数为有效票，多于应选人数为无效票，候选人必须获得全体代表半数以上的选票才能当选。

6. 对候选人赞成的，在其姓名上方空格内画"O"；不赞成的，在其姓名上方空格内画"×"；弃权的不划任何符号；如另选他人，在另选人选栏空格内填写另选人姓名。并在其上方符号栏内画"O"。理事长、监事长候选人由主席团提名，由理事会选举产生，选举方式由理事会理事举手表决或报票。

××年×月×日

八、注册登记，取得法人资格

组建农民专业合作社的发起工作基本就绪后，根据《农民专业合作社登记管理条例》规定，设立农民专业合作社应当向所在地的县（市）、区工商行政管理部门依法登记，领取农民专业合作社法人营业执照，取得法人资格，准许其围绕成员的生产、加工、销售等项目开展经营活动。申请设立农民专业合作社，应当由全体设立人指定的代表或者委托的代理人向登记机关提交下列文件：

1. 设立登记申请书

申请书内容主要包括申请人、具体的申请请求、说明申请请求及相关文件的依据等。

2. 全体设立人签名、盖章的设立大会纪要

纪要文件的内容包括会议召开时间、地点、参加人员、会议讨论的问题、所形成的决议、章程通过情况等。

3. 法定代表人、理事的任职文件和身份证明

4. 载明社员的姓名或者名称、出资方式、出资额以及社员出资总额，并经全体出资社员签名、盖章予以确认的出资清单

5. 载明社员的姓名或者名称、公民身份号码或者登记证书号码和住所的社员名册以及社员身份证明

6. 农民专业合作社对其住所享有使用权的住所使用证明

7. 全体设立人指定代表或者委托代理人的证明

《农民专业合作社设立登记申请书》由国家工商总局制定，设立登记的程序。

（1）当场登记。申请人提交的登记申请材料齐全、符合法定形式，登记机关能够当场登记的，应予当场登记，发给营业执照。

（2）20 日内给予答复。由于某些原因。不能当场登记的，登记机关应当自受理申请之日起 20 日内，作出是否登记的决定。

予以登记的，发给营业执照；不予登记的，应当给予书面答复，并说明理由。

（3）收费。为了不增加农民负担，《农民专业合作社登记管理条例》规定，登记机关办理农民专业合作社登记不得收费。

第三章

农民专业合作社的
联合、解散与破产

农民专业合作社的发展必然遇到联合、合并、分立、解散、破产等组织演变过程。为了促进农民专业合作社发展，规范农民专业合作社组织演变行为，维护农民专业合作社及其成员和债权人的合法权益，《农民专业合作社法》对农民专业合作社的联合、合并、分立、解散、破产做了原则规定，保证上述演变过程顺利完成。

第一节　农民专业合作社的联合

尽管《农民专业合作社法》并没有涉及联合社的问题，但是，合作社联合组织的发展已优势尽显。中共湖北省委、湖北省人民政府《关于支持和促进农民专业合作社发展的意见》（鄂发〔2007〕12 号）指出，"适时引导同一产业的农民专业合作社，打破行政区域界限，组成联合社，实行跨区域、集团式发展，增强市场竞争能力"。实践中，农民专业合作社联合社的注册及登记应符合《农民专业合作社法》和《登记管理条例》的规定。

一、农民专业合作社联合的概念

农民专业合作社联合是指从事同类或相关农产品生产经营的农民专业合作社及个人自愿联合成立民主管理的互助性经济组织，即农民专业合作社联合社。

在农民专业合作经济组织发展较快的一些地区出现了自下而上发展的联合组织。其基本方式有两种：一种是开放式的，也是较为普遍的，即合作社与其他从事相同业务甚至是相关业务的企业、个体户等的联合；另一种是封闭式的，即仅局限在合作社与合作社之间的联合。从联合组织的性质看，既有社团性质的，对内开展基层社的业务指导、对外代表基层社维权；也有企业性质的，开展经营业务。

农民专业合作社的联合是现实发展的需要。由于农民专业合作社还处于发展的初级阶段，生产规模偏小，服务领域狭窄，带动能力偏弱，抵御市场风险能力还比较弱。随着外部市场竞争的不断加剧和合作社业务的不断扩大，迫切需要通过合作社的进一步联合来解决单个合作社解决不了和解决不好的问题。农民专业合作社联合社顺应了这一形势发展的需要。合作社的联合可以发挥各个合作社的资源优势，推动合作社的资源共享，优势互补；进一步提升市场竞争力，打破原来基层社完全被动地接受给定的质量等级和价格的市场格局；降低经营成本，实现规模经济；开展互助保险，增强基层社抗风险的能力。

农民专业合作社联合社以其成员为主要服务对象，提供农业生产资料的购买，农产品的销售、加工、运输、储存以及与农业生产经营有关的技术、信息等服务；指导专业合作社开展标准化生产与品牌化经营、科技推广、社员培训、信息沟通、经验交流等。经济实体型的联合社还要直接开展生产经营活动。

二、农民专业合作社联合的条件

设立农民专业合作社联合社，首先应符合《农民专业合作社法》第10条第2项至第5项规定的条件。除上述条件外，还需要具备以下两个条件：

第一，有若干领取农民专业合作社法人营业执照的从事性质相似农产品生产经营的农民专业合作社。

第二，在业务上有较多联系，有联合的需要，有共同的联合协议。

三、农民专业合作社联合社的框架及注册登记

1. 农民专业合作社联合社的框架

内部结构上，不管是哪种类型的联合社，都应建立代表会议制度，设立理事会与监事会，实行民主管理。组织体系上，根据当地实际，积极创造条件，可以按专业组建区域性的专业合作社联合社，在此基础上，全省可以组建省级专业合作社联合社；下级联合社为上级联合社的成员社，自下而上是经济联合关系，内部实行上级联合社为成员社服务、各级联合社为农民专业合作社服务的原则。

2. 农民专业合作社联合社的注册登记条件

（1）农民专业合作社联合社的登记事项应当符合《登记管理条例》的规定。农民专业合作社联合社应当召开由全体设立人参加的设立大会。设立大会依据《农民专业合作社法》的规定行使职权。

（2）工商行政管理部门负责农民专业合作社联合社的登记管理工作。

（3）农民专业合作社联合社的名称应当含有"专业合作社联合社"并符合名称登记管理规定。

（4）农民专业合作社联合社成员的出资方式应当符合《登记管理条例》的规定，成员出资额之和为成员出资总额。

（5）农民专业合作社联合社的业务范围应当符合《农民专业合作社法》和《登记管理条例》的规定，并由其章程规定。

（6）农民专业合作社联合社的理事长为农民专业合作社联合社的法定代表人。

（7）农民专业合作社联合社的设立、变更、注销，应当依照《农民专业合作社法》《登记管理条例》的规定办理登记。

（8）申请设立农民专业合作社联合社，应当依照《农民专业合作社法》《登记管理条例》的规定向登记机关提交有关文件。

第二节　农民专业合作社的合并

一、农民专业合作社合并的概念

农民专业合作社合并是指两个或者两个以上的合作社依照法定程序合为一个合作社的行为。合并主要有两种形式：一种是吸收合并，指一个合作社接纳一个或一个以上的其他合作社加入本合作社，接纳方继续存在，加入方解散并取消原法人资格；另一种是新设合并，指合作社与一个或一个以上合作社合并设立一个新的合作社，原合并各方解散，取消原法人资格。合作社合并时，合并各方的债权、债务应当由合并后存续或者新设的合作社承继。

二、农民专业合作社合并的基本程序

农民专业合作社合并要遵循以下五个程序：

1. 做出合并决议

依据《农民专业合作社法》的规定，合作社合并决议由合作社成员大会做出。农民专业合作社召开关于合作社合并的成员大会，出席人数应当达到成员总数的 2/3 以上。成员大会形成合并的决议，应当由本社 2/3 以上成员表决同意才能通过，章程对表决权数有较高规定的，从其规定。成员大会或者成员代表大会还要授权合作社的法定代表人签订合并协议。合并协议一般应有如下内容：①合并各方的名称、住所；②合并后存续合作社或新设合作社的名称、住所；③合并各方的债权、债务处理办法；④合并各方的资产状况及其处理办法；⑤存续或新设合作社因合并而新增的股金总额；⑥合并各方认为需要说明的其他事项。

2. 通知债权人

合作社应当自做出合并决议之日起 10 日内通知债权人，做好债务清算工作。

3. 签订合并协议

合作社合并协议是两个或者两个以上的合作社，就有关合并的事项达成一致意见的书面表示形式，各方合作社签名、盖章后，就产生法律效力。

4. 对合并业务进行账务处理

加入方应对本合作社的流动资产、固定资产、对外投资、农业资产、无形资产以及其他资产进行全面清查登记，同时对各项债权债务进行全面核对查实。合作社资产、负债全部清点核查完毕后，应当编制财产清单、债权清单和债务清单。财产清查完毕时，应向农村经营管理部门移交资产负债清册，并编制资产负债表。接纳方合作社在合并时，应编制合并日的资产负债表，报农村经营管理部门备案。

5. 合并登记

因合并而存续的合作社，保留法人资格，但应当办理变更登记；因合并而被吸收的合作社，应当办理注销登记，法人资格随之消灭；因合并而新设立的合作社，应当办理设立登记，取得法人资格。

三、农民专业合作社合并的注意事项

农民专业合作社合并时，需要注意以下几点：

第一，合并各相关合作社法律地位平等，是否合并、如何合并等，都由各合作社自行决定，任何单位和个人不得干预。

第二，合作社的合并，应当并只能依照法律规定和法定程序进行，人为强制和行政命令撮合下的合并，是无效的。

第三，各农民专业合作社合并后，原来的各种债权、债务要自动继承，并且要无条件加以继承。这是为了保护债权人的利益。在农民专业合作社中，如果采取缴纳股金形式筹集资金的，成员就是合作社的债权人，决不能因为合作社的合并使他们的利益受到忽视和损害。在合作社合并时，要对成员的债权债务特别予以关注，并小心谨慎地处理好。

第四，无论是采取吸收合并，还是采取新设合并，合作社合并以后，除了退社的成员之外，原合作社的成员资格自动转为合并后存续或者新设的合作社的成员。

第三节　农民专业合作社的分立

一、农民专业合作社分立的概念

农民专业合作社分立，是指一个农民专业合作社依法分成两个或者两个以上的农民专业合作社的法律行为。

农民专业合作社分立的方式，有新设分立和派生分立两种。合作社的新设分立，是指将一个合作社依法分制成两个或者两个以上新的合作社。按照这种方式分立合作社，原合作社应当依法办理注销登记，其法人资格消灭；分立后新设的合作社应当依法办理设立登记，取得法人资格。

合作社的派生分立，是指原合作社保留，但对其财产作相应分割，另外成立一个新的合作社。原有合作社应当依法办理财产变更登记，派生的新合作社应当依法办理设立登记。

二、农民专业合作社分立的程序

农民专业合作社分立的程序与合并的程序基本一致。

1. 拟定分立方案

分立方案涉及的内容包括分立形式、分立后原合作社的地位、分立后章程、管理人员及固定员工安排方案、分立协议各方对拟分立合作社财产的分割方案、分立协议各方对拟分立合作社债权债务的承继方案等。

2. 成员大会依据《农民专业合作社法》的规定做出分立决议，通过分立方案

3. 签订分立协议 协议内容实质上是对分立方案的具体化。分立协议中应当对原合作社资产的分割、分立后各方合作社对原合作社债权债务的承继、分立后各方合作社经营范围的划分及其他相关问题做出明确约定。

4. 通知债权人

5. 对分立业务进行账务处理、财产清查，编制相关会计报表

6. 办理分立合作社登记手续

7. 档案保管

存续分立的合作社，分立前的档案由存续的合作社继续保管。

合作社的分立与合并的不同之处就在于要进行财产分割，"分家之前先分家当"。依据《农民专业合作社法》的规定，农民专业合作社分立前债务的承担有以下两种方式：债权人与分立的合作社就债务清偿问题达成书面协议的，按照协议的约定办理；未与债权人就清偿债务问题达成书面协议的，分立后的合作社承担连带责任，债权人可以向分立后的任何一方请求偿还债务，被请求的一方不得拒绝。

第四节 农民专业合作社的解散

一、农民专业合作社解散的概念

农民专业合作社解散是指因法律规定的事由而停止业务活动，最终使法人资格消灭的法律行为。

依据《农民专业合作社法》的规定，合作社应当解散的事由主要有：一是章程规定的解散事由出现。合作社的设立大会在制定合作社章程时，可以预先约定合作社的各种解散事由。

如果在合作社经营中，规定的解散事由出现，成员大会或者成员代表大会可以决议解散合作社。二是成员大会决议解散。成员大会有权对合作社的解散事项做出决议，但需要本社成员2/3以上同意才能通过。三是因合并或者分立需要解散。四是被依法吊销营业执照或者被撤销。当上述事由出现时，合作社就应解散。

农民专业合作社解散分为自行解散和强制解散两种情况。自行解散，也称为自愿解散，是指依合作社章程或成员大会决议而解散。强制解散是指因政府有关机关的决定或法院判决而发生的解散。

依据《农民专业合作社法》的规定，农民专业合作社因本法第41条第1款的原因解散，或者人民法院受理破产申请时，不能办理成员退社手续。这是因为成员退社时需要按照章程规定的方式和期限，退还记载在该成员账户内的出资额和公积金份额，如果在农民专业合作社解散和破产时，为退社成员办理退社手续、分配财产，将影响清算的进行，并严重损害合作社其他成员和债权人的利益。因此，在农民专业合作社解散和破产时，不能办理成员退社手续。

农民专业合作社解散时，应当依法妥善处置好合作社的财产和债权债务问题。农民专业合作社一经解散，就不能再以合作社的名义从事经营活动，并应当进行清算。合作社清算完结，其法人资格消灭。

二、农民专业合作社解散时的清算

农民专业合作社解散时的清算，是指合作社解散后，依照法定程序清理合作社债权债务，处理合作社剩余财产，使合作社归于消灭的法律行为。清算的目的是为了保护合作社成员和债权人的利益。

除合作社合并、分立两种情形外，合作社解散时都应当依法进行清算。《农民专业合作社法》规定，因章程规定的解散事由出现、成员大会决议、依法被吊销营业执照或者被撤销而解散的，应当在解散事由出现之日起 15 日内由成员大会推举成员组成清算组，开始解散清算。逾期不能组成清算组的，其成员、债权人可以向人民法院申请指定成员组成清算组进行清算，人民法院应当受理该申请，并及时指定成员组成清算组进行清算。依据该法第 41 条第 1 款第 3 项规定，因合作社合并或者分立需要解散的，其债权债务全部由合并或者分立后存续或者新设立的合作社承继，故不用成立清算组进行清算。

1. 清算组的主要职责

清算组是指在农民专业合作社清算期间负责清算事务执行的法定机构。合作社一旦进入清算程序，理事会、理事、经理立即停止执行职权职务，由成员大会推举或人民法院指定的清算组行使管理合作社业务和财产的职权，对内执行清算业务，对外代表合作社。清算组在清算期间的主要职权为：①处理与清算合作社未了结的业务。②清理合作社财产，包括编制资产负债表和财产清单等。③清偿债权、债务。清算组在清算的过程中，如果发现合作社财产不足以清偿债务时，应及时向人民法院申请宣告破产。经人民法院裁定宣告合作社破产后，清算组就应将清算事务移交给人民法院，进入破产清算程序。如果清偿债务后还有剩余财产，也就是说，在支付清算费用、职工工资及社会保险费用、清偿所欠税款及其他债务后剩余的合作社财产，应当返还或者分配给合作社成员。清算组成员应当忠于职守，依法履行清算义务，因故意或者重大过失给合作社成员及债权人造成损失的，应当承担赔偿责任。

2. 解散清算的程序

解散清算的程序相对简单一些，一般程序包括成立清算机构；通知、公告合作社成员和债权人；制订清算方案；实施清算方案；办理注销登记。需要注意的是，清算方案必须经农民专业合作社成员大会通过或者人民法院确认后才能开始实施。

（1）成立清算机构。由成员大会推举或人民法院指定清算组，行使管理合作社业务和财产的职权。

（2）通知、公告合作社成员和债权人。清算组自成立之日起 10 日内通知合作社成员和债权人，并于 60 日内在报纸上公告。债权人应当自接到通知之日起 30 日内，未接到通知的自公告之日起 45 日内，向清算组申报债权。如在规定期间内全部成员、债权人均已收到通知，免除清算组公告义务。债权人申报债权，应当说明债权的有关事项，并提供证明材料。清算组应当对债权进行登记。债权申报期间，清算组不得对债权人进行清偿。

（3）制订清算方案。清算组在清理合作社财产、编制资产负债表和财产清单后，要制定清偿合作社员工工资及社会保险费用、清偿所欠债务、分配剩余财产的方案。清算方案应报成员大会通过或者主管部门确认。如发现财产不足以清偿债务，清算组应停止清算工作，依法申请破产。合作社破产适用企业破产法的有关规定。

（4）实施清算方案。清算方案的实施程序是：支付清算费用；清偿员工工资及社会保险费用；清偿所欠债务；按财产分配的规定向成员分配剩余财产。

（5）办理注销登记。清算结束后清算组应当提出清算报告并编制清算期内收支报表，报送农业行政主管部门，到相关部门办理注销登记。

3. 清算财产处置原则

（1）清算财产包括宣布清算时合作社的全部财产以及清算期间取得的资产。已经依法作为担保物的财产相当于担保债务的部分，不属于清算财产；担保物的价款超过所担保的债务数额的部分属于清算财产。清算期间，未经清算小组同意，不得处置合作社财产。

（2）合作社清算中发生的财产盘盈或者盘亏、财产变价净收入、因债权人原因确实无法归还的债务、确实无法收回的债权，以及清算期间的经营收益或损失等，计入清算收益或者清算损失。清算财产的作价一般以账面净值为依据，也可以重估价值或者变现收入等为依据。

（3）合作社接受国家财政直接补助形成的财产，在解散清算时，不得作为可分配剩余资产分配给成员。

（4）合作社因章程规定的解散事由出现的原因解散时，不能办理成员退社手续。

（5）合作社在宣布终止前6个月至终止之日的期间内，下列行为无效，清算小组有权追回其财产，作为清算财产入账：①隐匿私分或者无偿转让财产；②低价处理财产；③对原来没有财产担保的债务提供财产担保；④对未到期的债务提前清偿；⑤放弃自己的债权。

4. 清算财产的作价方法

（1）账面净值法。是指以财产的账面净值为标准来对清算财产作价的一种方法。该方法的特点是符合历史成本原则，而且简单方便，适用于账面价值与实际价值相差不大的财产。

（2）重新估价法。是指以资产的现行市场价格为依据来对清算财产作价的一种方法。该方法适用于账面价值与实际价值相差很大，或合作社合同、章程、投资各方协议中规定合作社解散时应按重估价值作价的财产。

（3）变现收入法。是指以清算财产出售或处理时的成交价格为依据来对清算财产作价的一种方法。该方法适用于价值较小、数量零星的清算财产。

（4）招标作价法。是指通过招标从投标者所出价格中选择最高价格来对清算财产作价的一种方法。该方法适用于清算大宗财产和成套设备。

第五节　农民专业合作社的破产

一、农民专业合作社破产的概念

农民专业合作社破产，是指合作社不能清偿到期债务时，为保护债权人的利益，依法定程序，将合作社的资产依法在全体债权人之间按比例公平分配，不足的部分不再清偿的法律制度。

二、破产宣告

破产宣告，是指法院依据当事人的申请或者法定职权，对具备破产原因的事实做出具有法律效力的认定。农民专业合作社破产，关系到成员和债权人的利益。为了保障成员和债权人的利益，法律规定只有人民法院有权宣告合作社破产，合作社不能自行宣告破产，债权人也无权宣告合作社破产。当然，债权人可以向人民法院申请宣告债务人破产还债。人民法院裁定宣告合作社破产后，由有管辖权的人民法院接管，并负责处理该合作社的破产事宜。破产宣告是合作社进入破产清算的起点。合作社一经被宣告破产，就丧失了对其全部财产的管理处分权，进入以全部财产清偿债务的清算阶段，其法人资格仅在清算的意义上存在。

三、破产清算

破产清算是合作社因严重亏损，资不抵债，被依法宣告破产而进行的清算。合作社因资不抵债而清算的案件，若由合作社向法院提出申请，则为自愿性申请；若由债权人提出破产申请，则为非自愿性申请。合作社自行提出破产申请时，应当说明合作社亏损情况，提交有关会计报表、债务清册和债权清册。债权人提出破产申请时，应当提供关于债权数额、有无财产担保以及合作社不能清偿到期债务的有关证据。

1. 合作社破产清算的相关程序

破产清算是破产程序的重要组成部分。合作社一旦被宣告破产，破产程序便进入了破产清算阶段。

（1）由债权人或合作社向人民法院申请合作社破产。

（2）法院受理破产申请后，对合作社的其他民事执行程序、财产保全程序必须中止，同时，应当及时通知合作社的开户银行停止办理合作社的结算业务。开户银行支付维持合作社正常生产经营所必需的费用时，需经人民法院许可。

（3）法院裁定宣告进入破产还债程序后，在 10 日内通知合作社的债务人和已知债权人，并发出公告。债权人应当在收到通知后 30 日内，未收到通知的债权人应当自公告之日起 3 个月内，向法院申报债权。逾期未申报债权的，视为放弃债权。债权人可以组成债权人会议，讨论破产财产的分配处理方案以及和解协议。

（4）由人民法院指定管理人。管理人可以由有关部门、机构的人员组成的清算组或者依法设立的律师事务所、会计师事务所、破产清算事务所等社会中介机构担任。

（5）管理人负责破产财产的保管、清理、估价、处理和分配。管理人可以依法进行必要的民事活动，他们对法院负责并报告工作，接受法院和债权人会议的监督。

（6）破产费用包括：破产案件的诉讼费用；管理、变价和分配破产财产的费用；管理人执行职务的费用、报酬和聘用工作人员的费用。

（7）破产财产分配完毕，由管理人提请法院终结破产程序。破产程序终结后，未得到清偿的债权不再清偿。

（8）破产程序终结后，由管理人向合作社原登记机关办理注销登记。

2. 破产财产的变价

破产财产的变价，即破产财产的变现，是指破产管理人将破财产中的非金钱财产以变卖或拍卖的方式，转变为金钱财产的行为或过程。

破产财产的变价，应对破产财产依法进行评估。评估工作应当由有相应评估资质的评估机构完成。破产财产一般采用拍卖或变卖的方式变现。

3. 破产财产的清偿顺序

依据《农民专业合作社法》的规定，农民专业合作社破产适用企业破产法的有关规定。但是，在清偿破产费用和共益债务后，破产财产应当优先清偿破产前合作社与农民成员已发生交易但尚未结清的款项。尚有剩余的破产财产依照下列顺序清偿：

（1）拖欠成员的工资及社会保险费用。包括破产人所欠职工的工资和医疗、伤残补助、抚恤费用，所欠的应当划入职工个人账户的基本养老保险、基本医疗保险费用，以及法律、行政法规规定应当支付给职工的补偿金。

（2）拖欠的税款。即破产人欠缴的除前项规定以外的社会保险费用和破产人所欠税款。

（3）其他各项债务。

这种优先清偿破产前合作社与农民成员已发生交易但尚未结清的款项的制度，充分考虑了农民专业合作社的自愿联合、民主管理的互助性经济组织的特性，充分考虑了合作社的盈余主要按照成员与合作社的交易量（额）比例返还的特性，充分体现了合作社服务成员、保障成员权利的原则。

合作社接受国家财政直接补助形成的财产，在破产清算时，不得作为可分配剩余资产分配给成员。

四、破产清算与解散清算的区别

1. 依据不同

合作社破产清算主要依据《中华人民共和国企业破产法》，解散清算主要依据《农民专业合作社法》。破产清算具有法律的强制性，解散清算具有一定的自主性。

2. 目的不同

破产清算的基本目的是破产还债，而解散清算的基本目的是双重的，一个是清产还债，另一个是清产分配，在一般情况下，解散清算在清偿完债务后，都会有剩余财产。

3. 程序不同

破产清算适用于破产还债程序，清算组必须在人民法院的指导和监督下开展工作。解散清算适用于清产还债程序，清算组是在农村经营管理部门指导和监督下开展工作的。

4. 法律后果不同

在破产清算中，对未能清偿的债权，破产清算结束，不再清偿，对合作社实行免责。解散清算中，在清算期间由于种种原因未得到清偿的债权人，即使清算结束，也有权追偿，对合作社不能实行免责。

第四章

农民专业合作社的管理

第一节 农民专业合作社的成员管理

农民专业合作社是人的联合，其核心是合作社的成员。成员积极性的发挥决定着合作社的发展程度。因此在成员管理过程中，必须保护成员的权利，同时必须让其承担相应的义务，这样合作社才能得以顺利发展。同时成员管理还需考虑成员退社的条件以及退社时债权债务的处理。

一、成员的权利

根据《农民专业合作社法》第十六条的规定，农民专业合作社的成员享有以下的权利：

1. 参加成员大会，并享有表决权、选举权和被选举权，按照章程规定对本社实行民主管理

（1）参加成员大会。这是成员的一项基本权利。成员大会是农民专业合作社的权力机构，由全体成员组成。农民专业合作社的每个成员都有权参加成员大会，决定合作社的重大问题，任何人不得限制或剥夺。

（2）行使表决权，实行民主管理。农民专业合作社是全体成员的合作社，成员大会是成员行使权利的机构。作为成员，有权通过出席成员大会并行使表决权，参加对农民专业合作社重大事项的决议。

（3）享有选举权和被选举权。理事长、理事、执行监事或监事会成员，由成员大会从本社成员中选举产生，依照《农民专业合作社法》和章程的规定行使职权，对成员大会负责，所有成员都有权选举理事长、理事、执行监事或监事会成员，也都有资格被选举为理事长、理事、执行监事或监事会成员，但是法律另有规定的除外。在设有成员代表大会的合作社中，成员还有权选举成员代表，并享有成为成员代表的被选举权。

2. 利用本社提供的服务和生产经营设施

农民专业合作社以服务成员为宗旨，谋求全体成员的共同利益。作为农民专业合作社的成员，有权利用本社提供的服务和本社置备的生产经营设施。

3. 按照章程规定或者成员大会决议分享盈余

农民专业合作社获得的盈余依赖于成员产品的集合和成员对合作社的利用，本质上属于全体成员。可以说，成员的参与热情和参与效果直接决定合作社的效益情况。因此法律保护成员参与盈余分配的权利，成员有权按照章程规定或成员大会决议分享盈余。在《农民专业合作社法》第 3 条第 5 项确立了农民专业合作社"盈余主要按照成员与农民专业合作社的交易量（额）比例返还"的原则，并且，返还总额不得低于可分配盈余的 60%。另一方面，为了保护投资成员的资本利益，《农民专业合作社法》规定对惠顾返还之后的可分配盈余，按照成员账户中记载的出资额和公积金份额比例返还于成员。同时，合作社接受国家财政直接补助和他人捐赠所形成的财产，也应当按照盈余分配时的合作社成员人数平均量化，以作为分红的依据。

4. 查阅本社的章程、成员名册、成员大会或者成员代表大会记录、理事会会议决议、监事会会议决议、财务会计报告和会计账簿

成员是农民专业合作社的所有者，对农民专业合作社事务享有知情权，有权查阅相关资料，特别是了解农民专业合作社经营状况和财务状况。以便监督农民专业合作社的运营。

5. 章程规定的其他权利

上述规定是《农民专业合作社法》规定成员享有的权利，除此之外，章程在同《农民专业合作社法》不抵触的情况下，还可以结合本社的实际情况规定成员享有的其他权利。

二、成员的义务

为了农民专业合作社顺利开展生产经营，全体成员需要共同承担一些义务。根据《农民专业合作社法》第十八条的规定，农民专业合作社的成员应当履行以下义务：

第一，执行成员大会、成员代表大会和理事会的决议。成员大会和成员代表大会的决议，体现了全体成员的共同意志，成员应当严格遵守并执行。

第二，按照章程规定向本社出资。明确成员的出资通常具有两个方面的意义：一是以成员出资作为组织从事经营活动的主要资金来源，二是明确组织对外承担债务责任的信用担保基础。但就农民专业合作社而言，因其类型多样，经营内容和经营规模差异很大，所以，对从事经营活动的资金需求很难用统一的法定标准来约束。而且，农民专业合作社的交易对象相对稳定，交易相对人对交易安全的信任主要取决于农民专业合作社能够提供的农产品，而不仅仅取决于成员出资所形成的合作社资本。由于我国各地经济发展的不平衡，以及农民专业合作社的业务特点和现阶段出资成员和非出资成员并存的实际情况，一律要求农民加入专业合作社时必须出资或者必须出法定数额的资金，不符合目前发展的现实。因此，成员加入合作社时是否出资以及出资的方式、出资额、出资期限，都需要由农民专业合作社通过章程自己决定。

第三，按照章程规定与本社进行交易。农民加入合作社是要解决在独立的生产经营中个人无力解决、解决不好，或个人解决不合算的问题，是要利用和使用合作社所提供的服务。成员按照章程规定与本社进行交易既是成立合作社的目的，也是成员的一项义务。成员与合作社的交易，可能是交售农产品，也可能是购买生产资料，还可能是有偿利用合作社提供的技术、信息、运输等服务。成员与合作社的交易情况，按照《农民专业合作社法》第三十六条的规定，应当记载在该成员的账户中。

第四，按照章程规定承担亏损。由于市场风险和自然风险的存在，农民专业合作社的生产经营可能会出现波动，有的年度有盈余，有的年度可能会出现亏损。合作社有盈余时分享盈余是成员的法定权利，合作社亏损时承担亏损也是成员的法定义务。

第五，章程规定的其他义务。成员除应当履行上述法定义务外，还应当履行章程结合本社实际情况规定的其他义务。

三、成员的退社

1. 成员如何办理退社

"入社自愿，退社自由"既是合作社坚持的基本原则，也是合作社成员的基本权利。退社的权利是农民自主的权利，即当农民在生产经营过程中不愿意，或者客观上不能利用合作社提供的服务时就可以选择退出。《农民专业合作社法》第十九条对于合作社成员退社的时间、程序等问题做了规定。主要明确如下内容：

（1）退社时间。农民专业合作社成员要求退社的，应当在财务年度终了的三个月前向理事长或者理事会提出；其中，企业、事业单位或者社会团体成员退社，应当在财务年度终了的6个月前提出；章程另有规定的，从其规定。

（2）成员资格终止时间。退社成员的成员资格自财务年度终了时终止。

（3）批准问题。合作社成员退社要在规定的时间内提出声明即可，无需批准。

2. 成员资格终止后债权债务问题处理

按照"入社自愿，退社自由"的原则，成员有权根据实际情况提出退社声明。为保证资格终止成员的合法权益，《农民专业合作社法》第二十一条规定，成员资格终止的，农民专业合作社应当按照章程规定的方式和期限，退还记载在该成员账户内的出资额和公积金份额；对成员资格终止前的可分配盈余，按照《农民专业合作社法》第三十七条第二款的规定向其返还。同时，也为了保护仍然留在合作社中的成员的权益，资格终止的成员还应当按照章程规定分摊资格终止前本社的亏损及债务。农民专业合作社的成员按照章程规定与本社签订合同进行交易，是成员的一项重要义务。按照《农民专业合作社法》第二十条和第二十一条的规定，成员在其资格终止前与农民专业合作社已订立的合同，合作社和退社成员双方均应当继续履行。但是，农民专业合作社章程另有规定的，或者退社成员与本社另有约定的除外。

3. 农民专业合作社对成员的除名

成员有下列情形之一的，经成员大会或者理事会讨论通过予以除名：（1）不履行成员义务，经教育无效的；（2）给本社名誉或者利益带来严重损害的；（3）成员共同议决的其他情形。合作社对被除名成员，退还记载在该成员账户内的出资额和公积金份额，结清其应承担的债务，返还其相应的盈余所得。因给本社名誉或者利益带来严重损害而被除名的，须对本社做出相应赔偿。

第二节　农民专业合作社的组织机构与民主管理

同市场中的公司一样，农民专业合作社也需要建立相关的组织机构以保证顺利运行。目前公司的组织机构由股东大会、董事会、监事会和经理层组成。而农民专业合作社与其相似，可以由以下机构组成：成员大会、理事会、监事会、经理等。考虑到每个农民专业合作社的规模不同、经营内容不同，设立的组织机构也并不完全相同。《农民专业合作社法》对合作社的一些机构的设置不是强制性规定，而是规定要由章程决定。

一、成员大会

农民专业合作社的成员大会由农民专业合作社的全体成员组成，成员大会是农民专业合作社的权力机构，负责就合作社的重大事项做出决议，集体行使权力。成员大会以会议的形式行使权力，而不采取常设机构或者日常办公的方式。成员参加成员大会是法律赋予所有成员的权利，也是合作社"成员地位平等，实行民主管理"原则的体现。所有成员都可以通过成员大会参与合作社事务的决策和管理。

1. 成员大会的职权

《农民专业合作社法》第二十二条规定，成员大会行使下列职权：

（1）修改章程。合作社章程的修改，需要由本社成员表决权总数的 2/3 以上成员通过。

（2）选举和罢免理事长、理事、执行监事或者监事会成员。理事会（理事长）、监事会（执行监事）分别是合作社的执行机关和监督机关。其任免权应当由成员大会行使。

（3）决定重大财产处置、对外投资、对外担保和生产经营活动中的其他重大事项。上述重大事项是否可行、是否符合合作社和大多数成员的利益，应由成员大会来做出决定。

（4）批准年度业务报告、盈余分配方案、亏损处理方案。年度业务报告是对合作社年度生产经营情况进行的总结，对年度业务报告的审批结果体现了对理事会（理事长）、监事会（执行监事）一年工作的评价。盈余分配和亏损处理方案关系到所有成员获得的收益和承担的责任，成员大会有权对其进行审批。经过审批，成员大会认为方案符合要求的则可予以批准。不予批准的，可以责成理事长或者理事会重新拟定有关方案。

（5）对合并、分立、解散、清算做出决议。合作社的合并、分立、解散，关系合作社的存续状态，与每个成员的切身利益相关。因此这些决议至少应当由本社成员表决权总数的 2/3 以上通过。

（6）决定聘用经营管理人员和专业技术人员的数量、资格和任期。农民专业合作社是由全体成员共同管理的组织，成员大会有权决定合作社聘用管理人员和技术人员的相关事项。

（7）听取理事长或者理事会关于成员变动情况的报告。成员变动情况关系到合作社的规模、资产和成员获得收益和分担亏损等诸多因素，成员大会有必要及时了解成员增加或者减少的变动情况。

（8）章程规定的其他职权。除上述 7 项职权，章程对成员大会的职权还可以结合本社的实际情况做其他规定。

2. 成员大会的决议要求

《农民专业合作社法》第二十三条规定，农民专业合作社召开成员大会，出席人数应当达到成员总数 2/3 以上。同时规定，对农民专业合作社成员大会做出的决议，要求一定比例通过。对不同的决议事项，规定了不同的决议有效比例：一般决议事项，应当由本社成员表决权总数过半数通过；做出修改章程或者合并、分立、解散的决议应当由本社成员表决权总数的 2/3 以上通过。

为了进一步给农民专业合作社的民主管理和自治留下更多空间，《农民专业合作社法》第二十三条还规定，章程对表决权数由较高规定的，从其规定。也就是说，农民专业合作社可以在章程中对上述一般决议事项和特殊决议事项的表决权数在法律规定的上限的基础上再做更高的规定。如章程可以规定：修改章程或者合并、分立、集散的决议应当由本社成员表决权总数的 3/4 以上通过。

此外，《农民专业合作社法》第十一条对设立农民专业合作社时通过章程的程序做出了特殊规定，即农民专业合作社应当召开全体设立人参加的设立大会，章程应当由全体设立人一致通过。

3. 定期会议与临时会议

《农民专业合作社法》第二十四条规定，成员大会至少每年召开一次。成员大会依其召开时间的不同，分为定期会议和临时会议两种：

（1）定期会议。定期会议何时召开应当按照农民专业合作社章程的规定。如规定一年召开几次会议，具体什么时间召开等。

（2）临时会议。农民专业合作社在生产经营过程中可能出现一些特殊情况，需要由成员大会审议决定某些重大事项，而未到章程规定召开定期成员大会的时间，则可以召开临时成员大会。

《农民专业合作社法》第二十四条规定，符合下列三种情形之一的，应当在二十日内召开临时成员会议：一是30%以上的成员提议。二是执行监事或者监事会提议。执行监事或者监事会是由合作社成员选举产生的监督机构。当其发现管理人员不履行职权，或者有违反法律、章程等行为，或者因决策失误，严重影响合作社生产经营等情形，认为需要及时召开成员大会做出相关决定时，应当提议召开临时成员会议。三是章程规定的其他情形。

4. 成员代表大会

农民专业合作社存在发展规模、成员分布地域等差异。要求所有成员在统一的时间内集中在一起召开成员大会往往难以实现。为了保证合作社成员能够依法有效行使民主管理的权利，降低召开成员大会的成本，提高议事效率，《农民专业合作社法》第二十五条规定，成员超过一百五十人的农民专业合作社可以设立成员代表大会。成员总数达到这一规模的合作社可以根据自身发展的实际情况决定是否设立成员代表大会，

《农民专业合作社法》并不做强制性规定，需要设立成员代表大会的合作社应当在章程中载明相关事项并按照章程的规定设立成员代表大会。

成员大会是法定的合作社的权力机构，而成员代表大会不是法律规定的必设机构。成员代表大会与成员大会的职权也不尽相同，成员大会行使法律赋予的七项职权及章程规定的其他职权，而成员代表大会只能按照章程的规定行使成员大会的部分职权或者全部职权。

二、理事会与理事长

《农民专业合作社法》第二十六条规定，农民专业合作社设理事长一名，可以设理事会。理事长为本社的法定代表人。由此，法律规定合作社都要设理事长，理事会可以设立，也可以不设立。

农民专业合作社作为法人进行工商登记后从事生产经营活动，必须从设立起就明确合作社的法定代表人。因此《农民专业合作社法》规定，理事长为本社的法定代表人。合作社设理事长是《农民专业合作社法》明确规定的，不管合作社的规模大小、成员多少，也不管合作社有无理事会，都要设理事长。

合作社规模较小，成员人数很少，没有必要设立理事会的，由一个成员信任的人作为理事长来负责合作社的经营管理工作就可以了，这样有利于精简机构，提高效率。合作社是否设立理事会以及理事的人数，《农民专业合作社法》并未做强制性规定，而由合作社章程规定。理事会会议的表决，实行一人一票。

理事长及理事由成员大会从本社成员中选举产生，依照《农民专业合作社法》和本社章程的规定行使职权，对成员大会负责。选举理事长、理事，应当召开成员大会，出席人数应当达到成员总数的三分之二以上。选举理事长、理事应当由本社成员表决权总数过半数通过，如果章程对表决权数有较高规定的，从其规定。理事长、理事的资格条件，由合作社章程规定。但是，农民专业合作社的理事长、理事不得兼任业务性质相同的其他农民专业合作社的理事长、理事、监事、经理。

三、监事会与执行监事

执行监事或者监事会是农民专业合作社的监督机关，对合作社的财务和业务执行情况进行监督。执行监事是指仅由一人组成的监督机关，监事会是指由多人组成的团体担任的监督机关。

依照《农民专业合作社法》第二十六条的规定，农民专业合作社可以设执行监事或者监事会。农民专业合作社的监督是由全体成员进行的监督，强调的是成员的直接监督。由此，《农民专业合作社法》规定执行监事或者监事会不是农民专业合作社的必设机构。如果成员大会认为需要提高监督效率，可以根据实际情况选择设执行监事或者监事会。是否设执行监事和监事会由合作社在章程中规定。一般来说，合作社设执行监事的，不再设监事会。

执行监事或者监事会的职权由合作社的章程具体规定。执行监事或监事会通常具有下列职权：监督、检查合作社的财务状况和业务执行情况，包括对本社的财务进行内部审计；对理事长或者理事会、经理等管理人员的职务行为进行监督；提议召开临时成员大会。执行监事或监事会成员的选举办法，与理事长、理事的选举办法一致。

四、经理

在农民专业合作社中，成员大会负责合作社各项重大事项的决策。理事会（理事长）负责执行成员大会的决策，包括生产经营活动如何进行。因此，农民专业合作社可以不聘经理。

《农民专业合作社法》第二十八条规定，农民专业合作社的理事长或者理事会可以按照成员大会的决定聘任经理。经理应当按照章程规定和理事长或者理事会授权，负责农民专业合作社的具体生产经营活动。因此，经理是合作社的雇员，在理事会（理事长）的领导下工作，对理事会（理事长）负责。经理由理事会（理事长）决定聘任，也由其决定解聘。

《农民专业合作社法》第二十八条还规定，农民专业合作社的理事长或者理事可以兼任经理。理事长或者理事兼任经理的，也应当按照章程规定和理事长或者理事会授权履行经理的职责，负责农民专业合作社的具体生产经营活动。

总之，经理不是农民专业合作社的法定机构，合作社可以聘任经理，也可以不聘任经理，经理可以由本社成员担任，也可以从外面聘请。是否需要聘任经理，由合作社根据自身的经营规模和具体情况而定。聘任经理或者由理事长、理事兼任经理的，由经理按照章程规定和理事长或者理事会授权，负责农民专业合作社的具体生产经营活动。否则，由理事长或者理事会直接管理农民专业合作社的具体生产经营活动。

五、对管理者不当行为的法律约束

《农民专业合作社法》第二十九条规定，农民专业合作社的理事长、理事和管理人员不得有下列损害合作社利益的行为：

1. 侵占、挪用或者私分本社资产

理事长、理事和管理人员利用自己分管、负责或者办理某项业务的权利或者职权所形成的便利条件，将合作社资产侵占、挪作他用或者私分，必然会造成合作社资产的流失或者影响合作社正常的经营活动。

2. 违反章程规定或者未经成员大会同意，将本社资金借贷给他人或者以本社资产为他人提供担保

这种个人行为往往给合作社的生产经营带来风险。法律禁止此种行为是对理事长、理事和管理人员的强制性约束。

3. 接受他人与本社交易的佣金归为己有

理事长、理事和管理人员代表合作社出售农产品或购买生产资料等，是执行职务，接受他人支付的折扣、中介费用等佣金应当归合作社所有。

4. 从事损害本社经济利益的其他活动

合作社的理事长、理事和管理人员，享有法律和合作社章程授予的参与管理合作社事务的职权，同时也对合作社负有忠实义务，在执行合作社的职务时，应当依照法律和合作社的章程行使职权、履行义务，维护合作社的利益。因此，《农民专业合作社法》规定，理事长、理事和管理人员违反上述四项禁止性规定所得的收入，应当归本社所有。给本社造成损失的，应当承担赔偿责任。情节严重，构成犯罪，还应当依法追究刑事责任。

六、民主管理

1. 一人一票制

按照《农民专业合作社法》第十七条的规定，农民专业合作社成员大会选举和表决，实行一人一票制。做出以上规定主要是基于：一方面，农民专业合作社是人的联合，其核心是合作社成员地位平等，规定农民专业合作社实行一人一票制是合作社人人平等的体现；另一方面，农民专业合作社的每一位成员都有权利平等地享有合作社提供的各种服务，所以合作社要维护全体成员的权利。"一人一票制"，是指在农民专业合作社选举和表决时，每个成员都具有一票表示赞成或反对的权利。成员出资多少与成员在合作社中享有的表决权没有直接联系，每名成员各自享有一票的基本表决权，任何人不得限制和剥夺。

2. 附加表决权

农民专业合作社是成员自愿联合、民主管理，共同享有、利用合作社服务的互助性经济组织。但是，合作社成员对合作社的贡献是不一样的。为了适当照顾贡献较大的成员的权益，调动他

们继续为合作社多做贡献的积极性,《农民专业合作社法》规定
了附加表决权,这是对农民专业合作社成员"一人一票"的基本
表决权的补充。

所谓附加表决权,就是成员在享有"一人一票"的基本表决
权之外,额外享有的投票权。《农民专业合作社法》第十七条规
定,出资额或者与本社交易量(额)较大的成员按照章程规定,
可以享有附加表决权。本社的附加表决权总票数,不得超过本社
成员基本表决权总票数的百分之二十。享有附加表决权的成员及
其享有的附加表决权数,应当在每次成员大会召开时告知出席会
议的成员。章程可以限制附加表决权行使的范围。

理解和设置附加表决权应当注意:第一,附加表决权是对出
资额或者与本社交易量(额)较大的成员对合做社作出贡献的一
种肯定;第二,附加表决权的作用是有限的,因为法律规定一个
合作社的附加表决权总票数,不得超过本社成员基本表决权总票
数的百分之二十;第三,农民专业合作社对附加表决权的设置是
有选择的,其可以选择不设置附加表决权,也可以选择设置附加
表决权。选择设置附加表决权的合作者还可以在《农民专业合作
社法》规定的限度内,自行决定本社附加表决权总票数占本社成
员基本表决权总票数的百分比,如百分之五或者百分之十。此
外,章程还可以对附加表决权行使的范围做出限制;第四,根据
《农民专业合作社法》第二十六条的规定,附加表决权不适用理
事会、监事会的表决。

第三节　农民专业合作社的财务管理

从我国合作社的发展现状看,财务管理工作往往没有受到重
视。合作社的财务管理意识比较淡薄,观念比较落后,对财务知
识比较欠缺,意识不到规范会计核算监督和加强财务管理的重要
性。现实中许多合作社在财务上存在很多漏洞。合作社加强财务

管理刻不容缓。目前《农民专业合作社法》在第五章对财务管理做出了专门规定。同时财政部制定发布了《农民专业合作社财务会计制度（试行）》，自 2008 年 1 月 1 日起施行。该制度的颁布实施，对于规范合作社财务会计工作具有十分重要的意义。合作社要依据《农民专业合作社法》和《农民专业合作社财务会计制度》，完善财务制度，依法进行会计核算，切实加强自身的财务管理。

一、农民专业合作社的民有原则

所谓民有，就是农民专业合作社与成员之间，以及成员相互之间的产权关系明确，成员投入到合作社的资产，不改变农民的财产所有权，仍属于成员个人所有，退社时可以依法带走；合作社存续期间盈余积累形成的财产，也量化到每个成员。民有是农民专业合作社实现发展和成员权益得到保障的制度基础。

为了促进农民专业合作社的健康发展，《农民专业合作社法》对合作社的财产权利、成员的财产权利及这两者间的关系进行了规定，把民有原则具体化。其中关于建立成员账户、公积金按交易量（额）量化到成员、本社接受国家财政直接补助和他人捐赠形成的财产平均量化到成员等一系列制度规定，可以有效地保障成员的私人财产权。

二、农民专业合作社的资金来源

农民专业合作社作为一个经营性组织，必须具有一定的资金，这是它从事经营活动的基础。针对农民专业合作社发展处于初期阶段而存在资金严重缺乏的问题，《农民专业合作社法》允许合作社以成员出资等方式筹集资金，来保证合作社的资金需求。农民专业合作社的资金来源主要有成员出资、从合作社盈余中提取的公积金、国家扶持资金、他人捐赠资金、对外举债所取得的资金。农民专业合作社可以根据有关规定，对外借款或贷款。对外举债的程序和决策过程一般由章程规定。按照《农民专业合作社法》规定，数量较大的对外举债，应当由成员大会决定。

合作社从事经营活动的主要资金来源是成员出资。成员出资也是农民专业合作社参与民事活动、为自己取得民事权利、设立民事义务的前提条件。尽管如此，《农民专业合作社法》还是把成员是否出资、如何出资、出多少资、出资如何参与盈余分配等问题交由合作社章程决定。

农民专业合作社向成员募集资金的总量，应根据合作社经营业务的发展需要，并根据成员的经济状况，量力而行，也可以根据事业的发展，分次进行。

成员出资数量、形式、时限、每股多少钱、盈余分配等，都应当由成员大会或成员代表大会决定。

三、农民专业合作社及其成员的财产权利

1. 农民专业合作社的财产权利

《农民专业合作社法》规定："农民专业合作社对由成员出资、公积金、国家财政直接补助、他人捐赠以及合法取得的其他资产所形成的财产，享有占有、使用和处分的权利，并以上述财产对债务承担责任。"这一规定包括了以下几方面的内容：

第一，农民专业合作社拥有能够独立支配的财产。农民专业合作社作为法人，拥有独立的财产，对这些财产实行统一占有、使用和依法处分，来解决一家一户办不了、办不好、办了不经济的问题，实现服务成员和谋求全体成员的共同利益的目标。

第二，农民专业合作社对其财产，可以以合作社的名义独立行使，但合作社对其财产的支配，必须以合作社章程的规定和成员大会（成员代表大会）的授权为依据。

第三，农民专业合作社所拥有的财产，可以用于对债务承担责任。

第四，农民专业合作社所拥有的财产，只享有占有、使用和处分的权利，也就是说只有支配权，而没有受益权。

2. 农民专业合作社成员的财产权利

根据《农民专业合作社法》的规定，成员在农民专业合作社中的财产权利，主要体现在以下几个方面：

第一，成员对合作社的出资和公积金份额享有包括收益权在内的完全的所有权。成员出资和公积金份额的收益权，表现在年终盈余分配时，可以获得股金分红。当然，合作社作为一个市场主体，也存在经营风险，为此成员也可能存在出资风险。成员出资和公积金份额的所有权，表现在成员退社时可以带走。《农民专业合作社法》明确规定："农民专业合作社应按照章程规定的方式和期限，退还记载在该成员账户内的出资额和公积金份额。"这些制度可以使农民不用担心加入合作社后自己的财产无条件或无偿"归大堆"，消除农民加入合作社的后顾之忧。

第二，成员对国家财政直接补助或他人捐赠形成的财产享有受益权。《农民专业合作社法》规定，本社接受国家财政直接补助和他人捐赠形成的财产平均量化到成员的份额，是成员参与盈余分配的依据之一。

第三，成员对合作社的财产具有管理权。按照民主管理原则，成员参与合作社财产的管理，以保障合作社财产的保值增值，进而实现服务成员和谋求全体成员共同利益的目标。

四、农民专业合作社的成员账户

成员账户是指农民专业合作社对每位成员进行分别核算而设立的明细账目。之所以要实行成员账户制度，主要原因有：①建立成员账户，可以分别核算成员出资额和公积金变化情况，为合作社盈余分配提供依据；②建立成员账户，可以为成员承担责任提供依据；③建立成员账户，可以为附加表决权的确定提供依据；④通过成员账户，可以为处理成员退社时的财务问题提供依据。

总之，成员账户的建立，它不仅为合作社年终盈余分配提供了依据，还可以保障成员财产权利不受侵犯，可以保障以成员为主要服务对象的实现。从这个意义上说，成员账户制度是成员在合作社中的财产权利的具体体现。

根据《农民专业合作社法》的规定，成员账户主要记录三方面的内容：①该成员的出资额，包括入社时的原始出资额，加入后对合作社增加的投资，也包括公积金转化的出资；②量化为该成员的公积金份额；③该成员与本社的交易量（额）。

五、农民专业合作社的盈余分配

合作社虽然对外通过经营活动取得利润，但是对内则不以营利为目的。根据这一特点，为了区别于其他营利性组织，《农民专业合作社法》将合作社的利润称为盈余。农民专业合作社当年盈余与企业会计中的当年利润相对应，反映的是农民专业合作社一个会计年度内（1月1日至12月31日）的经营成果。计算方法是：

当年盈余＝农民专业合作社当年收入总额－成本－税金－有关费用

农民专业合作社的盈余分配，由两部分组成，一是提取的公积金，二是扣除公积金之后的可分配盈余。

1. 提取公积金

合作社提取公积金的目的，一方面是为了提高合作社对外信用和预防意外亏损，巩固自身的财产基础；另一方面，是为了实现合作社由小变大，由弱变强的滚雪球式的发展。

在公积金的提取上，《农民专业合作社法》不是规定必须提取公积金，即不是强行要求提取公积金，而是规定"可以"提取公积金。也就是说，农民专业合作社可以提取公积金，也可以不提取公积金，提取与否完全取决于合作社的章程或者成员大会决议。

《农民专业合作社法》对公积金提取比例和最高限额都没有具体规定，而是交由章程或成员大会决定。这里体现出农民专业合作社的自主性。道理很简单，各个合作社的盈亏情况不同，需要提取的资金数额等也绝对不能简单划一，只能由合作社做出适合自身情况的具体决定。

农民专业合作社的公积金，主要有以下三方面的用途：一是弥补亏损。合作社在生产经营活动中，与其他企业或个人的生产经营活动一样，也会遇到市场风险和其他自然风险。合作社因市场风险或自然风险发生亏损后，如果没有公积金来弥补，就可能影响正常的经营，甚至难以维持而破产。因此，在合作社经营状况好的年份，从盈余中提取公积金，弥补可能发生的亏损，这有利于维持合作社的正常经营和持续发展。二是用于扩大生产经营。合作社在发展过程中，需要建设贮藏和加工的厂房、购买设备和运输车辆等，以扩大生产经营。要做到这一点，除了成员增加新投资外，还可以在当年盈余中提取公积金，积累扩大生产经营所需要的部分资金，实现滚雪球式的发展。三是转为成员出资。从盈余中提取公积金，再把公积金转为成员出资，可以增强合作社的资金实力。

2. 可分配盈余的分配

《农民专业合作社法》规定："在弥补亏损、提取公积金后的当年盈余，为农民专业合作社的可分配盈余。"公式是：

可分配盈余＝当年盈余－弥补亏损－提取公积金

合作社的分配实行按交易量（额）返还为主，按股金分红为辅的盈余分配制度，这是与公司依据出资额进行利润分配的根本不同之处。合作社可分配盈余的计算公式是：

可分配盈余＝按交易量（额）返还＋股金分红

上述公式中，需要注意三个问题：第一，在分配顺序上，首先按交易量（额）的份额向成员返还，然后再进行按股金分红。第二，在分配比例上，每个合作社按交易量（额）返还和股金分红在可分配盈余中所占比例，由章程或成员大会规定，但按交易量（额）比例返还的总额不得低于整个可分配盈余的60%，股金分红不得高于整个可分配盈余的40%。这一法律规定，体现了合作社按交易量（额）二次返还为主，按股金分红为辅的原则。合作社可分配盈余实行以交易量（额）分配为主的办法，是成员实现互助合作的重要体现。第三，不能以股金分红替代按交易量（额）返还。一些合作社只给入股成员分红，而不按交易量（额）返还，或者以股金分红代替交易量（额）返还，或者混淆按交易量（额）返还和股金分红。这些做法实质上是只实行按股金分配盈余，只承认了股金对合作社发展的贡献，与公司的分配办法是完全一样的，不符合合作社分配原则。

（1）如何按交易量（额）返还？

成员与合作社的交易量（额）大小，体现了成员对合作社贡献的大小。以农产品销售合作社为例，如果成员都不通过合作社销售农产品，合作社就收购不到农产品，也就无法运转，更谈不上合作社的进一步发展。某个成员所得的二次返还额，依据其在合作社中的交易量（额）的多少而定。计算公式是：

某成员所得二次返还额＝合作社二次返还总额某成员与合作社的交易量（额）÷合作社所有成员交易量（额）

在进行按交易量（额）二次返还分配时，需要注意两点：一是成员与合作社之间的交易量（额），不仅包括成员向合作社提供的原料产品的交易量（额），还包括合作社向成员提供的生产资料的交易量（额）。二是选择以交易量还是交易额为依据进行二次返还，要根据某个具体的合作社而定。如果成员交售产品的质量和规格没有较大差别，依据交易量分配比较简单；如果每个成员生产产品的质量和规格差别较大，最好依据交易额分配。

（2）如何进行股金分红？

合作社之所以要实行股金分红，主要原因有：第一，合作社成员的经济实力不同，或者由于其他因素，导致有的出资多，有的出资少，有的甚至没有出资。第二，在成员出资不同和合作社的发展又需要大量资金的情况下，为了更好地筹集到合作社发展所需要的资金，适当按照出资进行盈余分配，可以使出资多的成员获得较多的盈余，从而实现鼓励成员出资，壮大合作社资金实力的目的。第三，在实行按交易量（额）返还为主的前提下，同时实行按股金分红为辅，这可以充分兼顾各方利益，在坚持合作社价值观和原则、增强合作社的凝聚力和活力的同时，又可以解决出资人（包括公司、大户）的利益，并增强合作社筹集资金的能力。

某成员所得出资收入＝合作社出资分配总额某成员出资额÷合作社所有成员出资额

需要指出的是，成员出资包括以下三项：一是成员直接出资额；二是公积金份额；三是合作社接受国家财政直接补助和他人捐赠形成的财产平均量化到成员的数额。也就是说，成员出资不只是入社时的初次出资。

3. 亏损弥补

农民专业合作社如果发生亏损，经成员大会讨论通过，用公积金弥补，不足部分也可以用以后年度盈余弥补。本社的债务用本社公积金或者盈余清偿，不足部分依照成员个人账户中记载的财产份额，按比例分担，但不超过成员账户中记载的出资额和公积金份额。

六、分别核算农民专业合作社与其成员和非成员的交易

《农民专业合作社法》规定，农民专业合作社与其成员的交易，与利用其提供的服务的非成员的交易，应当分别核算。

将合作社与成员和非成员的交易分别核算，是由合作社的互助性经济组织的属性所决定的。以成员为主要服务对象，是合作社区别于其他经济组织的根本特征。如果一个合作社主要为非成员服务，它就与一般的公司制企业没有什么区别了，合作社也就

失去了作为一种独立经济组织形式存在的必要。比如一个西瓜合作社，它成立的主要目的是销售成员生产的西瓜，而一个西瓜销售公司的成立目的则是通过销售西瓜赚钱，为了赚钱公司可以销售任何人的西瓜。在农民专业合作社的经营过程中，成员享受合作社服务的表现形式就是与合作社进行交易，这种交易可以使通过合作社共同购买生产资料，销售农产品，也可以是使用合作社的农业机械，享受合作社的技术、信息等方面的服务。因此，将合作社与成员的交易，同与非成员的交易分开核算，就可以使成员及有关部门清晰地了解合作社为成员提供服务的情况。只有确保合作社履行主要为成员服务的宗旨，才能充分发挥其作为弱者的互助性经济组织的作用。

将合作社与成员和非成员的交易分别核算，也是为了向成员返还盈余的需要。《农民专业合作社法》第三十七条规定，合作社的可分配盈余应当按成员与本社的交易量（额）比例返还，返还总额不得低于可分配盈余的百分之六十。返还的依据是成员与合作社的交易量（额）比例。在确定比例时，首先要确定所有成员与合作社交易量（额）的总数，以及每个成员与合作社的交易量（额），然后才能详算出每个成员所占的比例。因此，只有将合作社与成员和非成员的交易分别核算，才能为按交易量（额）向成员返还盈余提供依据。

将合作社与成员和非成员的交易分别核算，也是合作社为成员提供优惠服务的需要。由于合作社是成员之间的互助性经济组织，因此作为合作社的实际拥有者，成员与合作社交易时的价格、交易方式往往与非成员不同，将两类交易分别核算也是合作社正常经营的需要。如一些农业生产资料购买合作社，成员购买生产资料时的价格要低于非成员，只有这两类交易分开核算，才能更准确地反映合作社的经营活动。

为便于将合作社与成员和非成员的交易分别核算，《农民专业合作社法》规定了"成员账户"这种核算方式。成员账户是农民专业合作社用来记录成员与合作社交易情况，以确定其在合作社财产中所拥有份额的会计账户。合作社为每个成员设立单独账户进行核算，就可以清晰地反映出其与成员的交易情况。与非成员的交易则通过另外的账户进行核算。

七、财务制度规范

完善的财务制度是农民专业合作社良好运行、维护成员利益的制度保障，因而重要的财务管理制度必须写入合作社章程。

1. 各组织机构财务管理的职责

成员大会对合作社的生存和发展可能产生重大影响的财务活动，都应当进行决策。主要包括：一是决定重大财产处置、对外投资、对外担保和生产经营活动中的其他重大事项。二是批准年度业务报告、盈余分配方案和亏损处理方案。三是听取执行监事或者监事会对合作社财务的审计报告，必要时，成员大会也可以委托审计机构对合作社的财务进行审计。

理事会（理事长）负有组织和管理合作社日常财务活动的职责，包括聘任经理和财务会计人员，以及组织编制年度业务报告、盈余分配方案、亏损处理方案以及财务会计报告等。

监事会（执行监事）负有对合作社的财务活动进行监督的职责，包括对合作社的财务进行内部审计，并将审计结果向成员大会报告。

2. 财务会计报告相关事项

农民专业合作社财务会计报告是反映合作社财务状况、经营成果和现金流量的书面文件，主要包括财务会计报表和财务状况说明书。财务会计报告的制作，由理事会（理事长）负责。理事会也可以授权经理直接负责财务会计报告的制作，即由经理直接领导和组织财会人员完成财务会计报告。合作社实行财务会计报告公示制度。为了保护成员、债权人、交易关系人的利益，维护交易安全和社会经济秩序，确保社会公众利益，《农民专业合作社法》规定，合作社应当每年向其成员报告财务情况，这是合作社理事会的重要职责。

2007年12月20日财政部依照有关法律法规制定了《农民专业合作社财务会计制度（试行）》。该制度自2008年1月1日起施行。农民专业合作社应当严格按照此制度进行会计核算。根据《农民专业合作社财务会计制度（试行）》，合作社应编制资产负债表、盈余及盈余分配表、成员权益变动表、科目余额表和收支明细表、财务状况说明书等。合作社应按登记机关规定的时限和要求，及时报送资产负债表、盈余及盈余分配表和成员权益变动表。各级农村经营管理部门，应对所辖地区报送的合作社资产负债表、盈余及盈余分配表和成员权益变动表进行审查，然后逐级汇总上报，同时附送财务状况说明书，按规定时间报农业部。

资产负债表反映合作社一定日期全部资产、负债和所有者权益状况。盈余及盈余分配表反映合作社一定期间内实现盈余及其分配的实际情况。成员权益变动表反映合作社报告年度成员权益增减变动的情况。

财务状况说明书是对合作社一定会计期间生产经营、提供劳务服务以及财务、成本情况进行分析说明的书面文字报告。合作社应于年末编制财务状况说明书，对年度内财务状况做出书面分析报告，进行全面系统的分析说明。财务状况说明书没有统一的格式，但其内容至少应涵盖以下几个方面：一是合作社生产经营服务的基本情况。包括：合作社的股金总额、成员总数、农民成员数及所占的比例、主要服务对象、主要经营项目等情况。二是成员权益结构。①理事长、理事、执行监事、监事会成员名单及变动情况；②各成员的出资额，量化为各成员的公积金份额，以及成员入社和退社情况；③企事业单位或社会团体成员个数及所占的比例；④成员权益变动情况。三是其他重要事项。①变更主要经营项目；②从事的进出口贸易；③重大财产处理、大额举债、对外投资和担保；④接受捐赠；⑤国家财政支持和税收优惠；⑥与成员的交易量（额）和与利用其提供的服务的非成员的交易量（额）；⑦提取盈余公积的比例；⑧盈余分配方案、亏损处理方案；⑨未决诉讼、仲裁。

第五章

农民专业合作社的服务与经营

建立农民专业合作社的一个重要目的就是要提高农民的组织文化程度，增强农民抵御市场风险的能力，促进农业增效、农民增收。因此，农民专业合作社要加强经营管理，完善经营机制，把为成员提供切实有效的产前、产中、产后服务作为一项重要的工作任务。

第一节 农业技术服务

为农民提供生产技术服务，不但可以有效解决生产技术缺乏、管理经验不足等问题，同时也可以严格规范技术规程，提高农产品科技含量，使合作社的经营不断走向专业化、规范化、标准化。

一、技术服务的形式

1. 技术咨询

进行农业咨询的形式多种多样，根据农村的特点，一般采取易被农民接受、成本低廉的方式进行。一是举办培训班，传授种植栽培管理技术、养殖管理技术等；二是现场技术指导；三是组织成员参观具有先进管理水平的科技示范园区，开阔成员视野；四是利用信息、电话提供技术咨询服务，及时解决成员生产中遇到的问题。

2. 技术引进

引进新的生产和管理技术，是提高成员农产品质量、赢得市场、增加收入的有效途径，也是发挥合作社作用、服务成员的重要方式。

3. 技术开发

利用合作社优势，联系有关农业专家、技术人员，针对成员在生产中遇到的技术问题，进行研究开发，是合作社服务的一个重要手段。

二、技术服务的主要内容

1. 统一技术规程

统一生产技术规程和生产质量标准，是合作社抓质量保安全的有力手段。应根据合作社所经营的不同产品，按照《中华人民共和国农产品质量安全法》的规定，研究制定合作社在种植、养殖、加工等方面的技术操作规程。

2. 统一技术培训

农民专业合作社要加强与科研单位、高等学校及农业推广机构合作，建立联合或协作的利益关系，充分发挥各自在经济、技术、生产设施及人力资源等方面的优势，采取请进来、走出去等多种形式，把技术送到田间地头，送到农民手中，使其联系的农户成为生产、经营能手，提高合作社成员的科技素质。

3. 统一进行病虫害及动物疫病防治

农作物病虫害和动物疫病是影响、为害农作物和动物正常生长与农产品品质的重要因素，因此，应高度重视防控工作，建立植物病虫害和动物疫病防治机构，配备专业人员，为成员提供统一的病虫害和疫病防治服务。可以采取技术入股的形式，吸收当地植保、畜牧等单位加入合作社，做好日常病虫害与疫病防治，开展全程不间断的系列化病虫害和疫病防治服务。既可为成员减少成本，又可起到有病早治、无病早防的目的，把植物病虫害和动物疫病发生的风险降至最低，使合作社成员的损失降到最少。

第二节　农业生产资料服务

一、农业生产资料合作购买的意义

农民专业合作社组织农民合作购买生产资料，是把原来农民一家一户的零星购买活动变成一种较大规模的统一的经济行为，可以有效防止中间商从中盘剥，不但可以节约成本，还有利于降低农业生产资料价格中流通费用的比重，使农业生产资料中的商业利润部分转化为农业生产者的收入。同时，合作社通过对商品的研究和商品性能的测试，把合格商品和鉴别真假商品的知识传授给农民，可以帮助农民正确选择和使用各种农业生产资料。在合作社有计划的采购和有组织的供应约束下，农民按照操作规程合理安全地使用农药、化肥等，不但可以防止假冒伪劣农资进入生产领域，还有利于控制农药、兽药滥用造成的农残、兽残危害，提升农产品质量。

二、农业生产资料购买的内容

由于农民专业合作社对本行业了解，合作社可以充分利用专业技术人员掌握的技术和市场行情，为成员采购优良、先进的种子，指导成员发展专业化生产。这样，一方面可以提高农产品质量；另一方面，通过引进新的品种来提高产品的市场竞争力。

三、农业生产资料合作购买的方法

农业生产资料合作购买的方法必须遵守有关法律法规，通过采取一系列具体措施和手段来进行。从当前的实际看，农业生产资料的合作购买方法主要有以下几个方面：

1. 优惠供应生产资料

农民专业合作社根据成员需要，在组织供应生产资料时，印制和发放优惠卡给合作社成员，成员凭优惠卡以优惠价格购买生

85

产资料。

2. 成立生产资料批发部

农民专业合作社理事会设立生产资料批发部或服务中心，直接成批量从厂家或经销企业进货，以出厂价或低于市场的价格优惠供应给成员。

3. 预约定购

农民专业合作社成员将购买意向通过事先订货的方式反映到合作社，合作社根据汇集到的情况，与有关厂商联系集中购买。

第三节 农产品市场营销策略

农产品的市场营销是指把成员生产出来的农产品投放市场以实现其商品价值的过程。农民专业合作社一定要抓好产品的销售工作，保障各项计划的实施。

一、农产品市场营销的作用

农产品市场营销的根本任务，就是以最合理的方式将生产出来的产品通过流通渠道销售给消费者，从而使生产与消费的矛盾得以解决，满足生产和生活消费的需求。主要作用有以下 3 点：

1. 促进农民增收

农产品成为商品销售后，可增加其附加值，使农民的收入得以增加。

2. 满足消费需求

农产品营销沟通了生产地和销售地，使消费者能在适当的地方及时买到合适的农产品，同时生产地的农民能够及时地将农产品转化为商品。

3. 扩大就业

一部分农民以营销农产品为职业，可以增加非农收入，带动餐饮、运输等行业的发展。

二、农产品市场供求特点

1. 农产品的自身特点

许多农产品作为初级原料，经过加工可成为生产原料或副食品。其自身特点主要表现为：

（1）多数是不易贮藏和长途运输的鲜嫩易腐烂食品，需要尽快消费，否则就会变质，失去使用价值。

（2）形态不规则。同一种商品从外形很难区分其差异，品质好坏令消费者难以鉴定，只能凭直觉和经验判断，并且品质极不稳定。

（3）农产品往往表现为以产地或以品种为代表，缺乏可保护性，其产地只能从外包装上识别，而不能直接标记于每个产品，造成同种农产品区分度小。

2. 农产品的需求特点

（1）需求量大，农产品是生活必需品，每日都必须消费，对价格的反应迟钝，缺乏弹性。

（2）需求具有多样性、层次性和动态性。总体来看，消费者对农产品的需求朝营养、优质、健康、方便等方向发展，但由于消费都有层次性，不同消费者对农产品的消费需求在不同时期有所不同，需求具有层次性和动态性。

三、农产品销售方式

1. "订单产品"方式

合作社在年初的生产计划确定之前与有关龙头企业、连锁超市、大型批发市场签订订单合同，按照他们的需求确定生产数量，产品生产出来后直接由订单单位来采购。这是农民专业合作社产品最常见、风险较小的销售方式之一。

2. 自建直销机构

合作社可以选择在产品的主要销地建立自己的产品销售机

构，采用直销的方式。其优点是销售环节少，可以减少销售环节上产品利润的流失，自己能够控制产品的销量、产品的价格等。缺点是合作社可能缺乏丰富的营销经验，当农产品不好时，完全由自己承担销售风险。

3. 选择代理机构

合作社可以将产品委托给专业的营销公司去销售。其优点是省心、节约销售成本；缺点是易受代理机构控制，与代理机构分享销售环节利润，且自己要承担销售中的部分或全部风险。

4. 特许经营

合作社直接把产品特许给一些机构进行销售。这类产品主要是一些有知名度、市场销售良好、有一定特色的产品，一般不担心销售，主要是要维护产品信誉，防止假冒伪劣产品。

5. 直接进入批发零售环节

规模较小、实力较弱的合作社宜采用这种销售方式。

四、农产品市场营销的主要策略

在社会化大生产的条件下生产和消费之间存在着隔离，生产者要不断向消费者或用户传递产品信息，影响消费者的购买行为，才能更有效地扩大产品的销售。这就使得营销策略的运用显得更为重要，在考虑农产品营销时，需要根据农业生产的实际情况和农产品的消费特点，选择适合农产品的营销手段和方法。

一是广泛搜集、整理农产品市场供求信息、农业技术（尤其是新品种）信息，结合本地资源条件，进行农产品的开发和农业生产结构调整，实施市场抢先战略，如反季节种植。

二是对农产品进行分级、整理、包装和加工等售前处理，满足不同层次的消费需求，提高消费者的购买欲望，如目前市场上流行的农产品小包装、礼品组合包装等。

三是利用多种促销手段促进农产品销售。如举办山货节、瓜果节等推销名、特、优、新、稀产品，提高产地知名度；通过参与全国或地方性农产品展销会，通过报纸、广播电台发布农产品供给信息，通过工商管理机构为优质特色农产品注册商标等形式，提高农产品产地形象和声誉，从而起到促进销售的目的。

四是采用多种销售渠道和多种销售方式全方位推动农产品销售。如自产自销、集市贸易和批发贸易等；分期销售、合同销售、产供销一体化经营、配送中心及直销市场等，应针对不同农产品特点，进行合理化搭配。

五是农产品网络营销。农产品网络营销就是在农产品销售过程中全面导入网络系统，利用信息技术，进行需求、价格等信息的发布与收集，以网络为媒介，依托农产品生产基地与物流配送系统，使农产品交易与货币支付迅捷、安全地实现。

第四节 农产品质量安全常识

做好农产品质量认证是开拓市场、增强市场竞争力的重要手段。对农民合作社来说，获得农产品的质量认证十分重要，要提高农产品的市场竞争力和走向国际市场的重要环节。

一、无公害农产品认证

无公害农产品是指在无污染的生态环境中，采用安全生产技术生产的不影响人体健康和生态环境的农产品。农产品由普通农产品发展到无公害农产品，再发展到绿色食品或有机食品，是现代农业发展的必然趋势。

1. 无公害农产品产地认定

没有无公害农产品产地的认定证书，就不能申报无公害农产品认证。申请产地认定的农民专业合作社，应当向产地所在地县级人民政府农业行政主管部门提出申请，并提交以下材料：

（1）《无公害农产品产地认定申请书》。

（2）产地的区域范围、生产规模。

（3）无公害农产品生产计划。

（4）产地环境状况说明。

（5）无公害农产品质量控制措施。

（6）专业技术人员的资质证明。

（7）保证执行无公害农产品标准和规范说明。

（8）要求提交的其他材料。

省级农业行政主管部门通过材料审查、现场检查、环境检验和环境状况评价，进行全面评审，做出认定终审结论。符合颁证要求的，颁发"无公害农产品产地认定证书"，证书有效期3年。期满后需要继续使用的，农民专业合作社应当在有效期满前90天内按照程序重新办理。

2. 无公害农产品认证

无公害农产品认证工作由农业农村部农产品质量安全中心负责。申请无公害农产品认证的农民专业合作社可以通过省级农业行政主管部门或者直接向农业农村部农产品质量安全中心申请产品认证。申请认证时需提交以下材料。

（1）《无公害农产品产地认定申请书》。

（2）《无公害农产品产地认定申请书》复印件。

（3）产地《环境检验报告》和《环境评价报告》。

（4）产地区域范围、生产规模。

（5）无公害农产品生产计划。

（6）无公害农产品质量控制措施。

（7）无公害农产品生产操作规程。

（8）专业技术人员的资质证明。

（9）保证执行无公害农产品标准和规范的声明。

（10）无公害农产品的有关培训情况和计划。

（11）申请认证农产品的生产过程记录档案。

（12）合作社和成员签订的购销合同范本、成员名单以及管理措施。

（13）要求提交的其他材料。

农民专业合作社向农业农村部农产品质量安全中心申领《无公害农产品质量认证书》和相关资料。符合颁证条件的，由农业农村部农产品质量安全中心签发"无公害农产品认证证书"；不符合条件的，由农业农村部农产品质量安全中心书面通知合作社。证书有效期 3 年，期满后需要继续使用的，农民专业合作社应当在有效期满前 90 天内按照程序重新办理。

农业农村部农产品质量安全中心对获得认证的产品进行定期或不定期检查。有下列情况之一的农业农村部农产品质量安全中心可暂停其使用产品认证书，并责令限期改正：①生产过程中发生变化，产品达不到无公害农产品标准要求的；②经检查、检验、鉴定，不符合无公害农产品标准要求的。

获得农产品认证证书，有下列情形之一的，农业部农产品质量安全中心可以撤销其产品认证证书。

（1）擅自扩大标志使用范围的。

（2）转让、买卖产品认证证书和标志的。

（3）产地认定证书被撤销的。

二、绿色食品的认证

绿色食品是遵循可持续发展原则，按照特定生产方式生产，经专门机构认定，许可使用绿色食品商标标志的安全、无污染、优质、营养类食品。"按照特定的生产方式"是指在生产、加工过程中按照绿色食品的标准，禁用或限制使用化学合成的农药、肥料、添加剂等生产资料及其他有害于人体健康和生态环境的物质，并实施从土地到餐桌的全程质量控制。为了突出这类食品出自良好的生态环境，并能给人们带来旺盛的生命活力，因此将其定名为"绿色食品"。

1. 使用绿色食品标志的产品条件

（1）产品或产品原料产地必须符合绿色食品生态环境质量

标准。

（2）农作物种植、畜禽饲养、水产养殖及食品加工必须符合绿色食品生产操作规程。

（3）产品必须符合绿色食品产品标准。

（4）产品的包装、贮运必须符合绿色食品包装、贮运标准。

2. 绿色食品标志使用权的申请

凡具有绿色食品生产条件的单位与个人均可作为绿色食品标志使用权的申请人。

（1）申请人填写《绿色食品标志使用申请书》（一式两份，含附报材料），报所在省（自治区、直辖市、计划单列市）绿色食品管理部门。

（2）省绿色食品管理部门委托通过省级以上计量认证环境保护监测机构，对该项产品或原料的产地进行环境评价。

（3）省绿色食品管理部门对申请材料进行初审，并将初审合格的材料报中国绿色食品发展中心。

（4）中国绿色食品发展中心会同权威的环境保护机构，对上述材料进行审核。审核合格由中国绿色食品发展中心指定的食品监测机构对其申报产品进行抽样，并依据绿色食品质量和卫生标准进行检测；对不合格的则当年不再受理其申请。

（5）中国绿色食品发展中心对质量和卫生检测合格的产品进行综合审查（含实地核查），并与符合条件的申请人签订"绿色食品标志使用协议"，由农业农村部颁发绿色食品标志使用证书及编号；报国家工商行政管理总局商标局备案，同时公告于众。

3. 绿色食品的使用要求

（1）绿色食品标志在产品上的使用范围限于由国家工商行政管理总局认定的《绿色食品标志商品涵盖范围》。

（2）绿色食品标志在产品上使用时，须严格按照《绿色食品标志设计标准手册》的规范要求正确设计，并在中国绿色食品发展中心认定的单位印刷。

（3）使用绿色食品标志的农民专业合作社，须严格履行"绿色食品标志使用协议"。

（4）使用绿色食品标志的合作社，改变其生产条件、工艺、产品标准及注册商标前，须报经中国绿色食品发展中心批准。

（5）由于不可抗拒的因素暂时丧失绿色食品生产条件的，农民专业合作社应在1个月内报告省、部两级绿色食品管理机构，暂时停止使用绿色食品标志，待条件恢复后，经中国绿色食品发展中心审核批准，方可恢复使用。

（6）绿色食品标志使用权自批准之日起3年有效。期满后继续使用的，须在90日内重新申报。未重新申报的，视为自动放弃使用权。

（7）使用绿色食品标志的农民专业合作社，在有效的使用期限内，应受中国绿色食品发展中心指定的环保、食品监测部门对其使用标志的产品及生态环境进行抽查，抽查不合格的，撤销其标志使用权。

三、有机食品的认证

有机农业完全不用化学合成的化肥、农药、生长调节剂、畜禽饲料添加剂等物质。有机食品与国内其他优质食品的最显著差别是，前者在其生产和加工过程中绝对禁止使用农药、化肥、激素等人工合成物质，后者则允许使用这些物质。有机食品是一类真正源于自然、富营养、高品质的环保型安全食品。

目前，经认证的有机食品主要包括一般的有机农作物产品（例如粮食、水果、蔬菜等）、有机茶产品、有机食用菌产品、有机畜禽产品、有机水产品、有机蜂产品、采集的野生产品以及用上述产品为原料的加工产品。国内市场销售的有机食品主要是蔬菜、大米、茶叶、蜂蜜等。

1. 有机食品应具备的条件

（1）有机食品在生产和加工过程中必须严格遵循有机食品生

产、采集、加工、包装、贮藏、运输标准，禁止使用化学合成的农药、化肥、激素、抗生素、食品添加剂等，禁止使用基因工程技术及该技术的产物及其衍生物。

（2）有机食品在生产和加工过程中必须建立严格的质量管理体系、生产过程控制体系和追踪体系，因此一般需要有转换期。

（3）有机食品必须通过合法的有机食品认证机构的认证。

2. 有机食品认证的程序

（1）提出申请，填写申请表。

（2）填写调查表并提供有关材料。

（3）认证机构审查材料工派遣检查员实地审查（包括产品抽样）。

（4）检查员将实地检查报告报送颁证委员会。

（5）颁证委员会根据综合材料进行评审，评审结果为：

A. 同意颁证；

B. 转换期颁证或有条件颁证；

C. 不能颁证。

绿色食品作为安全优质品牌，政府推动与市场引导并行，坚持证明商标与质量认证管理并重；而有机食品作为扩大农产品出口的有效手段，坚持以国际市场需求为导向。因此，农民专业合作社首先应在认证无公害农产品、绿色食品的基础上，因地制宜地发展有机食品。

四、食品质量安全市场准入标志（QS）认证

1. 质量标志的特征

目前，常见的质量标志有国家免检产品标志、QS标志、生产许可证标志等。质量标志主要特征是：质量标志的作用是表明农产品质量的水平，是实物产品的质量信誉标志；质量标志必须由国家规定的发证机关或组织颁发，并经过一定评审、考核程序，获准后方可使用。

农民专业合作社食品加印（贴）QS 的意义：

一是说明农民专业合作社食品加工经过了保证产品质量必备条件审查，并取得了食品生产许可证，具备生产合格食品的环境、设备、工艺条件，生产中使用的原材料符合国家有关规定，生产过程中检验、质量管理达到国家有关要求，食品包装、贮存、运输和装卸食品的容器、包装、工具、设备安全、清洁，对食品没有污染。

二是证明该食品出厂前已经经过检验并合格，食品各项指标均符合国家有关标准规定的要求。

2. 食品质量安全标志的使用范围

自 2004 年 1 月 1 日起，我国首先在大米、食用植物油、小麦粉、酱油和醋 5 类食品行业中实行食品质量安全市场准入，后相继对第二批 10 类食品如肉制品、乳制品、方便食品、速冻食品、膨化食品、调味品、饮料、饼干、罐头等实行市场准入制度。国家质检总局用 3～5 年时间，对全部 28 类食品实行市场准入制度。

3. 使用 QS 的规定

取得"食品生产许可证"的食品生产加工单位，出厂产品经自行检验合格或者委托检验合格的，必须加印（贴）食品市场准入标志后方可出厂销售。但必须加印（贴）在最小销售单位的食品包装上，QS 标志的图案、颜色必须正确，并按照国家质检总局规定的式样放大或缩小。加印（贴）QS 标志是食品生产加工单位的自主行为，企业按照国家质检总局规定的式样、尺寸、颜色有权选择印还是贴，任何单位不得强令印或贴。

4. QS 标志的认证

QS 认证主要包括 3 项内容：一是对食品生产企业实施食品生产许可证。二是对企业生产的出厂产品实施强制检验。三是对实施食品生产许可制度、检验合作的食品加贴市场准入标志，即 QS 标志。

5. QS 认证的程序

（1）申请阶段。从事食品生产加工的企业（含个体经营者），应按规定程序获取生产许可证。新建和新转产的食品企业，应当及时向质量技术监督部门申请食品生产许可证。省级质量技监部门在接到企业申请材料后的 15 个工作日内组成审查组，完成对申请书和资料等文件的审查。企业材料符合要求后，发给《食品生产许可证受理通知书》。

企业申报材料如不符合要求，企业从接到质量技术监督部门的通知起，在 20 个工作日内补正，逾期未补正的，视为撤回申请。

（2）审查阶段。企业的书面材料合格后，按照食品生产许可证审查规则，在 40 个工作日内，企业要接受审查组对企业必备条件和出厂检验能力的现场审查。现场审查合格的企业，由审查组现场抽封样品。

审查组或申请取证企业应当在 10 个工作日内（有特殊条件的除外）将样品送达指定的检验机构进行检验；经必备条件审查和发证检验合格而符合发证条件的，地方质量技监部门在 10 个工作日内对审查报告进行审核，确认无误后，将统一汇总材料在规定时间内报送国家质检总局；国家质检总局收到省级质量技监部门上报的符合发证条件的企业材料后，在 10 个工作日内审核批准。

（3）发证阶段。经国家质检总局审核批准后，省级质量质监部门在 15 个工作日内，向符合发证条件的生产企业发放食品生产许可证及其副本。

食品生产许可证的有效期一般不超过 5 年。不同食品其生产许可证的有效期限在相应的规范文件中规定。

在食品生产许可证有效期满前 6 个月内，企业应向原受理食品生产许可证申请的质量技术监督部门提出换证申请。质量技术监督部门应当按规定的申请程序进行审查换证。

对食品生产许可证实行年审制度。取得食品生产许可证的企业，应当在证书有效期内，每满 1 年前的 1 个月内向所在市（地）级以上质量技术监督部门提出年审申请。年审工作由受理年审申请的质量技术监督部门组织实施。年审合格的，质量技术监督部门应在企业生产许可证的副本上签署年审意见。

食品生产加工企业在食品原料、生产工艺、生产设备或者开发生产新种类食品等生产发生重大变化时，应当在变化发生后的 3 个月内，向原受理食品生产许可证申请的质量技术监督部门提出食品生产许可证变更申请。受理变更申请时，质量技术监督部门应当审查企业是否仍然符合食品生产企业必备条件的要求。

企业名称发生变化时，应当在变更名称后 3 个月内向原受理食品生产许可证申请的质量技术监督部门提出食品生产许可证更名申请。

第五节　农产品包装策略

一、包装的意义

商品是产品和包装的结合，包装是构成商品的重要组成部分。商品包装不仅是盛装商品、保护商品采取的一种措施，同时也是宣传商品的一种手段。因为优良的包装有助于商品的陈列展销，有利于消费者识别选购、携带和使用，激发消费者购买欲望，从而促进销售。因而人们常把包装设计称为"产品推销设计"，把商品的包装称为"沉默的推销员"。农产品统一包装对农民专业合作社具有以下重要的意义。

第一，通过农产品包装的标准化，可以提高包装的生产效率，便于农产品识别。

第二，通过农产品包装的标准化，可以提高包装质量，节省包装材料，节省流通费用，也便于专用运输设备的使用。

第三，可以从法律的角度促进可回收型包装的使用，促进农产品包装的回收利用，节省社会资源。

二、包装的基本策略与要求

农民专业合作社在使用统一品牌包装上，要体现统一一致性，即对合作社对其推向市场的各种产品，在包装上采用相同的形状、色彩、图案，使它们具有共同的特点，以便于消费者辨认和记忆。

按照《中华人民共和国农产品质量安全法》的要求，农民专业合作社从事农产品收购和销售，应当统一包装或者附加标识。包装物或标识上应当按照规定标明产品的品名、产地、生产者、生产日期、保质期、产品质量等级等内容。主要要求是：

1. 保护产品

包装最重要的要求是它应能保护产品，使之不受损害和损失。因此，应根据不同产品的形态、特征和运输、销售环境等因素，以最适当的材料、设计合理的包装容器和技术，赋予包装充分的保护功能，保护内装产品的安全。

2. 方便生产

现代商品包装能为人们带来许多方便，对于提高工作效率和生活质量都能发挥重要作用。所以要求大批量生产的产品，包装要适应生产企业机械化、专业化、自动化的需要，兼顾资源能力和生产成本，尽可能提高劳动生产率。

3. 方便贮藏使用

对每件包装容器的质量、体积（尽寸、形态等）均应考虑各种运输工具的方便装卸，便于堆码；也应考虑人工装卸货物质量一般不超过工人体重的40%（限于20千克左右）等。合适的包装应使消费者在开启、使用、保管、收藏时感到方便。如用胶带封口的纸箱、易拉罐、喷雾包装、便携式包装袋等，以简明扼要的语言或图示，向消费者说明注意事项及使用方法。

4. 方便处理

部分包装具有重复使用的功能，例如，各种材料的周转箱，装啤酒、饮料的玻璃瓶，包装废弃物（纸包装、木包装、金属包装等）的回收再生，便于回收复用，利于环境保护、节约资源。

第六节　农产品品牌建设

一、品牌的概念

品牌包括品牌名称和品牌标志。品牌名称包含文字、数字、图案等易于口传，如月饼有稻香春、杏花楼、全聚德等。品牌标志是品牌中可以识别、但不能用语言表达的部分，包括符号、图案、颜色等。如熊猫电视有"熊猫"图案等。品牌标志设计的要求是：特点鲜明，能很好地反映企业和产品的特色；造型美观、大方，符合国家的法律和社会习俗；简单醒目，易于识别、辨认、记忆和传播；符合市场目标和顾客偏好，寓意产品效用。

二、品牌作用

品牌无论对企业还是对消费者都有重要意义。对企业来说，品牌名称可以起到促销作用，由于有识别标记，能鼓励或吸引顾客购买。品牌名称可以造成产品差异和价格区别，所以还是对付竞争者的工具。对消费者来说，品牌几乎成了质量保证，利用品牌名称去识别产品已成为消费者识别假冒产品的武器。除此之外，有时消费者购买品牌商品可以提高自己的形象。

三、商标

商标是商品的法律标记，俗称牌子。产品的商标是由文字名称、图案记号或二者组合而成的一种设计品，在我国，由商标主管机关注册登记后，便成为企业专有标记——商标。经注册后的商标有"R"标记或"注册商标"字样，商标注册人和注册商品受法律保护。

商标与商品名称既紧密相连，又有本质区别。某产品的品牌与商标可以相同，也可以不同，它们都是产品的标记。但是商标必须办理注册，而品牌无须办理注册。品牌经过注册后成为商标，商标是一个法律名词，一个品牌或它的一部分经过注册后才能成为受法律保护的专用的商品标记，即商标。

四、商标专用权

1. 商标专用权的概念

商标专用权，是指商标所有人依法对其注册商标所享有的专有权利。《中华人民共和国商标法》第三条规定，经商标局核准注册的商标为注册商标，商标注册人享有商标专用权，受法律保护。

2. 商标专用权的特点

商标专用权的内容，是指商标注册人依法享有的权利。主要有以下4个特点：

（1）是经商标部门批准而获得的特殊权利，具有独占性和排他性，他人不得仿制、伪造或在同类商品、类似商品或服务上使用与注册商标相同或近似的商标。

（2）具有时间性。我国商标法规定商标专用权的有效期是10年，到期可以申请继续使用，否则就失去了使用权。

（3）商标权利是一种财产权，其价值是难以估量的。

（4）商标专用权受严格地域限制，在某国取得商标专用权就受该国的法律保护。

五、品牌和商标对农民专业合作社的意义

建立一个优秀的品牌，可以大大提高合作社及其商品的知名度和信誉。

1. 有助于产品销售和占领市场

品牌一旦形成一定的知名度和美誉度后，合作社就可利用品牌优势扩大市场，促成消费者品牌忠诚，品牌忠诚度使合作社在竞争中得到某些保护，并使他们在制定市场营销企划时具有较大的控制能力。

2. 有助于稳定产品价格

由于品牌具有排他专用性，在市场激烈竞争的条件下，一个强有力的知名品牌可以像灯塔一样为不知所措的消费者在信息海洋中指明"避风港湾"，消费者乐意为此多付出代价。

3. 有助于新产品开发，节约新产品投入市场成本

一个新产品进入市场，风险是相当大的，而且投入成本也相当大，采用现有的知名品牌，利用其一定的知名度和美誉度，推出新产品，采用品牌延伸，可节省新产品广告费。

4. 有助于企业抵御竞争者的攻击，保持竞争优势

新产品一推向市场，如果畅销，很容易被竞争者效仿，但品牌忠诚是竞争者通过模仿无法达到的，品牌忠诚是抵御同行竞争者攻击的最有力武器。所以品牌可以看成是企业保持竞争优势的一种强有力工具。

第六章

农民专业合作社的会计
实务及内部财务管理

第一节　农民专业合作社会计职业道德教育

会计人员职业道德，是指会计人员在会计工作中应当遵循的道德规范，是会计工作规范的组成部分，也是会计人员的基本素质之一。根据《中华人民共和国会计法》（以下称《会计法》）和《会计基础工作规范》规定，会计人员职业道德主要包括以下内容：

1. 敬岗爱业

热爱本职工作，这是做好一切工作的出发点。只有建立了这个出发点，才会勤奋、努力钻研业务技术，使自己的知识和技能适应具体从事的会计工作的要求。

2. 熟悉法规

会计工作不只是单纯的记账、算账、报账，会计工作时时、事事、处处涉及执法守规方面的问题。会计人员应当熟悉财经法律、法规和国家统一的会计制度，做到自己在处理各项经济业务时知法依法、知章循章，依法把关守口，同时还要进行法规的宣传，提高法制观念。

3. 依法办理

按照《会计法》要求保证会计信息真实、完整的规定，会计人员必须依法办事，树立自己的职业形象和人格尊严，敢于抵制歪风邪气，同一切违法乱纪的行为作斗争。

4. 客观公正

会计人员在办理会计事务中，应当实事求是、客观公正。这是一种工作态度，也是会计人员追求的一种境界。做好会计工作，不仅要有过硬的技术本领，也同样需要有实事求是的精神和客观公正的态度。否则，就会把知识和技能用错了地方，甚至参与弄虚作假或者通同作弊。

5. 搞好服务

会计工作的特点决定了会计人员应当熟悉本单位的生产经营和业务管理情况，因此，会计人员应当积极运用所掌握的会计信息和会计方法，为改善单位的内部管理、提高经济效益服务。

6. 保守秘密

会计人员应当保守本单位的商业秘密，除法律规定和单位负责人同意外，不能私自向外界提供或者泄露单位的会计信息。由于会计工作性质的原因，会计人员有机会了解本单位的财务状况和生产经营情况，有可能了解或者掌握重要商业机密，因此，必须严守秘密。泄密，是一种不道德行为，会计人员应当确立泄露商业秘密为大忌的观念，对于自己知悉的内部机密，在任何时候、任何情况下都严格保守，不能随意向外界泄露。

第二节　农民专业合作社财务制度

财务制度包含两方面内容：一是各级政府财政部门制定的、企业组织活动和处理财务关系的行为规范；二是企业根据财政部门规定的财务制度制定的企业内部财务制度。

农民专业合作社财务制度，是指农民专业合作社资金收支、转账管理、成本费用的计算、经营收入的分配、现金管理、财务报告、债务清偿与纳税等方面的规程。农民专业合作社财务制度包括两大方面：一是国家及有关部门根据农民专业合作社财务制度管理的需要制定的有关财务管理方面的制度；二是农民专业合作社本身依据国家法律、行政法规与财务会计制度，为加强财务管理与核算而制定的内部规章制度。具体包括财务会计机构与人员设置、职责范围、财务会计收支与报销程序等。规范的财务会计制度能够加强农民专业合作社的财务管理，提高经济效益，也便于内部有关人员与机构依法开展监督。农民专业合作社财务管理制度主要包括以下几个方面：

（1）成员股金管理制度。

（2）资金筹集与管理制度。

（3）固定资产与产品物资管理制度。

（4）货币资金与有价证券管理制度。

（5）投资及成本费用管理制度。

（6）收益和盈余分配制度。

（7）会计核算与会计监督制度。

（8）经费开支审批制度。

（9）财会机构与人员责任制度。

财务管理办法是在财务管理制度基础上的细化和具体化，是就财务管理制度内容做出的具体安排。资金的来源有成员股金、捐款、政府资助、开展业务的收入、利息、资产收益等多种方式，财务管理办法就是要对上述经费来源与安排做出说明。而其中成员股金的认购又包括以货币、实物资产、劳务、技术、土地等入股，不同的入股方式在盈余分配上是否有区别等，在财务管理办法中要明确用在哪些方面，常用的有召开成员代表大会、理事会和其他会议的支出，开展业务活动的支出，合作社的办公费，聘请专家、学者、技术人员的费用，合作社的各种宣传费用等，而且要对费用的支出做出预算，并明确审批权限等，这些都要在财务管理办法中做出详细说明。农民专业合作社财务管理办法可参照财政部的《村合作经济组织财务制度（试行）》以及《中小企业财务管理办法》制定。

第三节　农民专业合作社会计实务

一、会计科目

会计科目是对会计对象的具体内容进行分类核算所规定的项目。会计科目的设置是进行会计核算的基础。农民专业合作社要按照规定的会计科目设置会计账户，登记会计账簿。

农民专业合作社不同于企业，也不是事业单位，所以，农民专业合作社在进行会计核算时，要结合自身的特点正确使用会计科目表。《农民专业合作社财务会计制度（试行）》特别强调，如果合作社在经营中涉及使用外埠存款、银行汇票存款、银行本票存款、信用卡存款、信用证保证金存款等各种其他货币资金，可增设"其他货币资金"科目；合作社在经营中大量使用包装物，需要单独对其进行核算的，可增设"包装物"科目；合作社生产经营过程中，有牲畜（禽）资产、林木资产以外的其他农业资产，需要单独对其进行核算的，可增设"其他农业资产"科目；合作社需要分年摊销相关长期费用的，可增设"长期待摊费用"科目。

二、会计主体

会计主体又称会计实体、会计个体，它是指会计核算和监督的特定单位或组织。一般来说，凡拥有独立的资金、自主经营、独立核算收支、盈亏并编制会计报表的单位或组织就构成了一个会计主体。会计提供的信息，特别是报表，反映的是特定会计主体的财务状况与经营成果，不允许含任何别的会计主体的会计要素，并且不能遗漏任何本会计主体的会计要素。《农民专业合作社法》确立了农民专业合作社的会计主体地位，农民专业合作社作为会计主体，就要核算和监督农民专业合作社的经济业务，反映合作社的财务状况与经营成果。

三、会计要素

会计要素是会计对象组成部分的具体化，是对会计对象具体内容所做的基本分类，是会计报表内容的基本框架。农民专业合作社的会计要素包括资产、负债、所有者权益、收入、支出和盈余。

1. 资产

合作社的资产分为流动资产、农业资产、对外投资、固定资产和无形资产等。其中，合作社的流动资产包括库存现金、银行存款、应收款项、存货等。合作社的应收款项包括合作社与本社成员和非本社成员发生的各项应收及暂付款项。合作社的存货包括种子、化肥、燃料、农药、原材料、机械零配件、低值易耗品、在售产品、农产品、工业产成品、受托代销商品、受托代购商品、委托代销商品和委托加工物资等；农业资产包括牲畜（禽）资产和林木资产等。

2. 负债

合作社的负债分为流动负债和长期负债。流动负债是指偿还期在 1 年以内（含 1 年）的债务，包括短期借款、应付款项、应付工资、应付盈余返还、应付剩余盈余等。长期负债是指偿还期在 1 年以上（不含 1 年）的债务，包括长期借款、专项应付款等。

3. 所有者权益

合作社的所有者权益包括股金、专项基金、资本公积、盈余公积、未分配盈余等。

4. 收入

合作社的收入分为经营收入和其他收入，合作社的经营收入是指合作社为成员提供农业生产资料的购买，农产品的销售、加工、运输、贮藏以及与农业生产经营有关的技术、信息等服务取得的收入，以及销售合作社自己生产的产品、对非成员提供劳务等取得的收入。合作社一般应于产品物资已经发出、服务已经提供，同时收讫价款或取得收取价款的凭证时，确认经营收入的实现。合作社的其他收入是指除经营收入以外的收入。

5. 支出

合作社的支出分为经营支出、管理费用和其他支出。合作社的经营支出是指合作社为成员提供农业生产资料的购买，农产品的销售、加工、运输、贮藏以及与农业生产经营有关的技术、信息等服务发生的实际支出，以及因销售合作社自己生产的产品、对非成员提供劳务等活动发生的实际成本。管理费用是指合作社管理活动发生的各项支出，包括管理人员的工资、办公费、差旅费、管理用固定资产的折旧、业务招待费、无形资产摊销等。其他支出是指合作社除经营支出、管理费用以外的支出。

6. 盈余

合作社的盈余是指合作社收入扣除各种支出后所得的剩余。

合作社的本年盈余按照下列公式计算：

本年盈余＝经营收益＋其他收入－其他支出

经营收益＝经营收入＋投资收益－经营支出－管理费用

投资收益是指投资所取得的收益扣除发生的投资损失后的数额。

投资收益包括对外投资分得的利润、现金股利和债券利息，以及投资到期收回或者中途转让取得款项高于账面余额的差额等。投资损失包括投资到期收回或者中途转让取得款项低于账面余额的差额。

四、会计等式

合作社可按下列基本会计等式进行会计核算及试算平衡，即：

资产＝负债＋所有者权益

收入－支出＝盈余

五、会计凭证

1. 会计凭证的概念

会计凭证是记录经济业务发生、明确经济责任的书面文件，是记账的依据。合作社每发生一项经济业务，都要取得原始凭证，并据以编制记账凭证。原始凭证，是在经济业务发生或完成时取得或填制的、用以证明经济业务的发生或完成情况的一种原始文字凭证。如发票、发运货物的运单、付款时取得的收据、银行结算凭证、收料单、领料单、差旅费报销单等。各种原始凭证必须具备凭证名称、填制日期、填制凭证单位名称或者填制人姓名、经办人员的签名或者盖章、接受凭证单位名称、经济业务内容、数量、单价、金额等。记账凭证，又称记账凭单，是会计人员根据审核无误的原始凭证及有关资料，按照经济业务的内容和性质加以归类，并确定会计分录，作为登记会计账簿依据的会计凭证。记账凭证必须具备填制日期、凭证编号、经济业务摘要、会计科目、金额、所附原始凭证张数等，并需由填制和审核人员签名盖章。

2. 会计凭证的要求

所有会计凭证都要按规定手续和时间送交会计人员审核处理。填制有误和不符合要求的会计凭证，应要求修正和重填。无效、不合法和不符合财务制度规定的凭证，不能作为收付款项、办理财务手续和记账的依据。会计人员应根据审核无误的原始凭证，填制记账凭证，并据以登记账簿。记账凭证可以根据每一原始凭证单独填制，也可以根据原始凭证汇总表填制。一段时期终了，应将已经登记过账簿的原始凭证和记账凭证分类装订成册，妥善保管。

六、会计账簿

会计账簿是由具有一定格式的账页所组成的，以会计凭证为依据，用以全面、连续、系统地记录和反映合作社各项经济业务的簿籍，是编制会计报表的依据。

1. 账簿登记的要求

（1）合作社账簿登记要做到数字正确、摘要清楚、登记及时。各种账簿的记录，应定期核对，做到账证相符、账实相符、账款相符、账账相符和账表相符。

（2）启用新账，必须填写账簿启用表，并编制目录。旧账结清后，要及时整理，装订成册，归档保管。

（3）严格按照钱账分管的原则，出纳员不得登记现金日记账和银行存款日记账之外的任何账簿。会计和出纳不能一人兼任。

2. 序时账簿

序时账簿，也称日记账。是按照经济业务发生时间或者完成的先后顺序逐日逐笔连续登记的账簿。日记账分为普通日记账和特种日记账。普通日记账是用来登记全部经济业务发生情况的日记账，它是把每天所发生的经济业务，按照业务发生的先后顺序，编制相关会计分录记入账簿中。特种日记账通常将某一类比较主要的经济业务，按照业务发生的先后顺序记入会计账簿中。为加强对货币资金的日常监督和管理，合作社应设置现金日记账和银行存款日记账。现金日记账和银行存款日记账，应由出纳人员根据记账凭单（或收、付款凭证），按有关经济业务完成时间的先后顺序进行登记，现金日记账和银行存款日记账一律采用订本账。

3. 分类账簿

分类账簿是指对各项经济业务按照分类账户进行登记的账簿。分类账簿按其反映指标的详细程度分为总分类账簿与明细分类账簿。按照总分类科目设置，对全部经济业务进行总括分类登记的是总分类账簿，简称总分类账；按照明细分类科目设置，对有关经济业务进行明细分类登记的是明细分类账簿，简称明细账。合作社应设置总分类账和各种必要的明细分类账。

总分类账应采用订本式账簿，明细分类账可用活页账或卡片账。

4. 备查账簿

备查账簿又称补充登记账簿，是对某些在序时账簿和分类账簿等主要账簿中未能登记、登记不全和不便登记的经济业务进行补充登记的账簿，它可以对某些经济业务的内容提供必要的参考资料。所以，对于不能在日记账和分类账中记录的，而又需要查考的经济事项，合作社必须另设备查账簿进行补充登记。如社员入社的股金数额、方式、变动情况、委托代销商品情况、受托代销商品情况等。

七、会计档案保管

合作社的会计档案包括经济合同或协议，各项财务计划及盈余分配方案，各种会计凭证、会计账簿和会计报表、会计人员交接清单、会计档案销毁清单等，要严格管理。要按照《会计档案管理办法》（财会字〔1998〕32 号）的规定，建立会计档案室（柜），实行统一管理，专人负责，做到完整无缺、存放有序、方便查找。合作社原始凭证、记账凭证和汇总凭证，总账、日记总账、明细账、辅助账簿、会计移交清册，保管期限为 15 年；现金日记账和银行存款日记账，会计档案保管清册，会计档案销毁清册保管期限为 25 年；涉及外事和其他重要的会计凭证、年度会计报表（包括文字分析）要永久保管；银行存款余额调节表保管期限为 3 年；固定资产卡片在固定资产报废清理后保存 5 年。

会计报表是反映合作社某一特定日期财务状况和某一会计期间经营成果及成员权益变动情况的书面报告。合作社应按照规定准确、及时、完整地编制会计报表，向登记机关、农村经营管理部门和有关单位报送，并按时置备于办公地点，供成员查阅。

1. 会计报表的种类

合作社会计报表，按内容划分包括资产负债表、盈余及盈余分配表、成员权益变动表等。

2. 会计报表报送要求

合作社应按登记机关规定的时限和要求，及时报送资产负债表、盈余及盈余分配表和成员权益变动表。各级农村经营管理部门负责对所辖地区报送的合作社资产负债表、盈余及盈余分配表和成员权益变动表进行审查，然后逐级汇总上报，同时附送财务状况说明书，按规定时间上报。

第四节　农民专业合作社内部财务管理

随着农民专业合作社数量的增加和规模的扩大，我国的农民专业合作社已经迈上了新的台阶。而长期以来对合作社财务管理工作的忽视一定程度影响了农民专业合作社的进一步发展，农民专业合作社要发展壮大，不仅需要政府政策的支持，也需要加强其内部管理，特别是财务管理工作。农民专业合作社对外交易量的不断增加，对合作社的财务管理工作提出更高的要求。

一、农民专业合作社财务管理现状

农民专业合作社的财务活动就是合作社再生产过程中的资金运动，包括资金的筹集、使用、耗费和收益分配 4 个方面，其实质就是合作社与各有关方面发生的经济关系。《农民专业合作社财务会计制度（试行）》施行以后，对强化农民专业合作社财务管理起到了十分重要的作用，但目前的财会工作仍然存在一定的问题。

1. 财务会计管理不规范

虽然《农民专业合作社财务会计制度（试行）》对财务管理和会计核算提出了要求，但多数合作社没有按照制度要求执行。调查中发现，合作社不建账的很多，建账的也多是流水账。有的合作社管理人员文化水平较低，对新知识新事物接受较慢。财务会计制度已经实施，但他们不愿意改变原有的方式，建账不但简单而且不执行新制度，还是按老办法进行处理。北京郊区有一个樱桃专业合作社的社长认为，合作社的账简单记就行了，一收一支清清楚楚，不用搞什么盈余分配，社员通过合作社销售已经给了他们差价利益，如果结余的再分配，合作社的好处就没有了。河北某个销售柿子的合作社，将社员生产的磨盘柿销往内蒙古等很多地方，为农民带来了可观的收益。但问及"盈余返还"时也都不知是何物，一些小户人家觉得通过合作社能将自己的产品卖出去就已经很知足了。

2. 资产管理混乱，没有健全的资产管理制度

合作社由于其自身发展需要和资金的局限，很少有对外的投资活动。一般是把筹集到的资金投资于合作社内部，用于购置固定资产、产品物资、农业资产等，形成合作社的对内投资。一些合作社由于没有健全的资产保管制度，账目又不十分清楚，往往对固定资产、农业资产、产品物资等资产缺乏有效的管理和控制。有的合作社对形成资产的使用缺少必要的账簿记录，资产流失现象时有发生。结果造成社员有意见，合作社成员之间也出现了不和谐，影响了合作社的健康发展。有的合作社对国家财政扶持资金的使用不合理，例如列支的培训费支出由于没有形成合作社的资产，合作社成员对这项资金的分配就觉得不公平。认为这部分资金应属于全体成员，不应变成个别人的私利。还有的由于财务不公开或公开程度不够造成社员对合作社信心不足。

3. 财务管理工作长期未得到应有的重视

长期以来，合作社财务管理工作得不到应有的重视。其原因主要有：一方面在农民专业合作社发展初期，由于其经营活动较少，收入较低，合作社觉得没有会计核算和财务管理的必要，负责人认为所有的账都在自己的头脑里，更不愿意承担聘请会计人员而产生的成本；另一方面，农民专业合作社成员的财务管理意识淡薄，观念比较落后，财务知识欠缺，没有识别财务信息真实性的能力，也就没有了监督意识。造成一些小规模的合作社大部分都不建账，或由村集体牵头组建的合作社与村的财务账混在一起且不按财务规定科目入账等现象普遍存在。

4. 筹资困难，资金短缺

大部分合作社其资金主要来源于社员入社的股金和接受的国家财政扶持资金，而从盈余中提取的公积金没有或很少，从银行或信用社取得的借款很有限，接受他人的捐赠也很有限。所以，合作社资金困难是现实存在的主要问题。

造成合作社资金短缺的原因很多，但主要包括：①全部以农民为成员的农民专业合作社，社员投资有限；②合作社作为非盈利性组织，对外交易量少，盈余少；③合作社普遍存在抵押资产不足、担保难以落实等问题，金融机构出于防范风险和规范管理的要求，多数不愿意发放贷款给合作社。

5. 收益分配制度不健全

一些合作社存在收益分配混乱的现象，主要表现在对收益分配中的股金分红、盈余返还的比例制定不合理，没有建立合理的收益分配制度，社员对收益分配政策不了解，负责人又没有讲清楚。个别合作社的盈余分配违背了办社宗旨，也不符合相关法规规定。例如，合作社不进行盈余返还，认为给社员提供的采购或销售服务就是分配给社员的盈余，合作社取得的本年盈余应归合作社所有，而这里所说的"合作社"其含义已经变成了带头人或大户了。

二、解决财务管理问题的对策

1. 提高思想认识

加强农民专业合作社的财务管理，首先要解决各级领导的思想认识问题，领导要正确认识和理解加强合作社财务管理的重要意义。合作社要想走上规模化发展道路，必须从建社时就重视财务管理工作，这是合作社长久健康发展的保障。各级合作社主管部门必须从思想上高度重视，将财务管理作为重要工作来抓。对合作社社长、会计等管理人员的培训应制定管理办法，也应制定资格准入条件，例如，社长应具有高中以上文化程度或经过培训达到高中文化程度，会计应具有从业资格证书等。

2. 加强财会队伍建设

合作社财会人员是合作社财会工作的具体操作者，其素质和水平的高低直接关系着合作社财务管理的好坏。应加大对合作社财会人员的培训力度，对合作社会计科目设置、会计账簿建立、会计报表编制给予辅导，使合作社财会工作正规化、合理化、合法化。而且要明确合作社理事会、监事会成员的亲属不得在社内担任会计、出纳、保管等相关工作。财务人员要实行聘任制，要有一定资格条件约束，有关部门可以开展针对农民专业合作社会计的业务培训，通过考试后颁发职业资格证书。努力推进财务公开与民主监督，把财务公开作为一项制度在章程中确立下来，实行民主决策、民主监督、民主管理，坚持成员监督与外部监督相结合，提高合作社的整体财务水平。同时，合作社可以考虑聘任农业院校的大学生任职会计岗位，农业院校相关专业的大学生，有一定的专业理论知识，如果他们愿意到农村来，可以将先进的知识和理念带入专业合作社。

3. 加强教育与培训

《农民专业合作社法》虽然没有对于培训、教育以及社区服务方面的规定，但重视对社员的教育、培训一直是国际合作社原则所强调的内容，这一点对于发挥合作社的功能，促进合作社健康发展非常重要。因此，为了我国合作社的发展壮大，政府及相关部门应加大对合作社管理人员及合作社社员的教育和培训。

4. 健全收益分配制度

按照《农民专业合作社法》中有关收益分配的规定，并根据本社的特点，合理确定盈余返还、股金分红和股息的比例，具体如下：

（1）专业合作社从当年盈余中提取公积金，并量化给每个成员，计入个人账户，这是合作社在财务核算中的一个重要特点。

（2）可分配盈余按成员与本社的交易量（额）比例返还，返还总额不得低于可分配盈余的 60％；其余部分按照出资额和公积金份额的比例分配给社员。这说明按交易量（额）的比例返还是盈余返还的主要方式，但不是唯一途径。

（3）每年的分配方案要经社员大会讨论决定。另外，要分清盈余返还、股金分红、股息这 3 个不同概念。简单地说，社员作为顾客（供应商和消费者）应该得到盈余返还，作为投资者，应该得到股金分红和股息。3 项收益各自占的比重由合作社的具体发展情况来决定。初创阶段，股金分红的比例高一点，可以吸引社员加入；发展阶段的关键是稳定，利润返还应该成为分配制度的主角。如果合作社中社员缴纳的股金数量较大，在合作社总资产中的比重较高，股金分红就应该占较大的比重，反之，则应该着重进行盈余返还。

5. 增加资金实力

农民专业合作社应适应现代市场经济的客观要求，扩大筹资渠道，使筹资渠道和方式呈现多样化，增加资金实力。可根据各个合作社成员收入能力、合作社规模、经营宗旨等适当提高入社社员的股金。同时，制定吸引外部资金投入的灵活机制，利用良好的外部融资环境来提高合作社资金筹集能力，以提高合作社资金实力。

6. 加强扶持资金管理

财务管理工作的核心是资金管理，资金是贯穿财务管理工作始终的一根红线。国家为支持、鼓励合作社的发展，对合作社给予了资金的扶持，合作社就有义务管好、用好这部分资金。加强国家扶持资金的管理，首先，要建立国家扶持资金管理监督机制，从制度上加强监督管理。其次，在合作社会计核算上要反映国家扶持资金的去向，建议将使用国家财政直接补助资金进行的培训、质量认证等支出也转入"专项基金"账户。当发生培训等项目支出时，借记"经营支出""管理费用"等科目，贷记"现金""银行存款"，以及借记"专项应付款"，贷记"专项基金"科目。在"专项基金"科目下设置"培训、质量认证等"等专栏反映"专项基金"的用途或去向。正确核算国家财政扶持资金，防止国有资产的流失。

7. 健全财务管理体制

建立健全适应合作社经营特点的财务管理体制如下：

（1）健全管理机构和会计核算体系。实行单独核算，要有自己的财务人员负责日常核算工作，按会计年度处理全部业务事项，编制财务计划和财务报告。

（2）建立健全财务审批制度。明确相关人员的职责和权限，实行钱、账、物分管。对重要或额度较大的资金支付业务，应当集体决策审批，建立责任追究制度。

（3）健全收益分配制度。合作社要依法提取公积金，用于扩大生产经营规模和拓展服务领域。

（4）加强票据管理。建立必要的票据使用责任制度，防止票据流失毁坏。

（5）加强货币资金管理。建立货币资金业务的岗位责任制，明确相关岗位的职责权限。明确审批人和经办人对货币资金业务的权限、程序、责任和相关控制措施。收取现金时手续要完备，使用统一规定的收款凭证。取得的所有现金均应及时入账，不准以白条抵库，不准挪用，不准公款私存。要及时、准确地核算现金收入、支出和结存，做到账款相符。要组织专人定期或不定期清点核对现金。同时，要定期与银行、信用社或其他金融机构核对账目。支票和财务印鉴不得由同一人保管。

（6）健全会计档案管理制度。应按照《会计档案管理办法》的规定，建立会计档案室（柜），实行统一管理。

总之，财务管理是农民专业合作社的核心工作，合作社要健康发展，必须加强财务管理。合作社向财务报告使用者提供真实有用的会计信息，不仅有利于合作社本身的健康发展，同时也为国家有关部门制定相关的政策法规提供依据，为各类投资者、各种债权人及国家宏观经济管理部门决策提供参考。

第五节　农民专业合作社信贷知识

农民专业合作社贷款是指农村信用社向辖区内农民专业合作社及其成员发放的贷款。针对农民专业合作社组织形式的特点和经营管理水平，采取"宜社则社，宜户则户"的办贷方式。

一、贷款条件

1. 合作社向信用社贷款的条件

农民专业合作社向农村信用社申请贷款应具备以下条件：

（1）经工商行政管理部门核准登记，取得农民专业合作社法人营业执照。

（2）有固定的生产经营服务场所，依法从事农民专业合作社章程规定的生产、经营、服务等活动，自有资金比例原则上不低于 30%。

（3）具有健全的组织机构和财务管理制度，能够按时向农村信用社报送有关材料。

（4）在农村信用社开立存款账户，自愿接受信贷监督和结算监督。

（5）信用等级在 A 级以上。具有偿还贷款本息的能力，无不良贷款及欠息。

（6）持有中国人民银行颁发并经过年检的贷款卡。

（7）信用社规定的其他条件。

2. 合作社社员贷款的条件

农民专业合作社成员贷款应具备以下条件：

（1）年满 18 周岁，具有完全民事行为能力、劳动能力或经营能力的自然人。

（2）户口所在地或固定住所（固定经营场所）必须在信用社的服务辖区内。

（3）有合法稳定的收入，具备按期偿还贷款本息的能力。

（4）在信用社开立存款账户。

（5）信用等级 A 级（含）以上。

（6）信用社规定的其他条件。

二、贷款额度

农民专业合作社及其成员的贷款额度分别根据信用状况、资产负债情况、综合还款能力和经营效益等情况合理确定。农民专业合作社的贷款额度原则上不超过其净资产的 70%；对农民专业合作社的贷款期限原则上不超过 1 年，对农民专业合作社成员的贷款原则上不超过 2 年。

三、利率

农民专业合作社及其成员贷款实行优惠利率，具体优惠幅度由县（市、区）联社、农村合作银行根据中国人民银行的利率政策及有关规定结合当地情况确定。农民专业合作社成员经营项目超出其所属农民专业合作社章程规定的经营范围的，不享受规定的优惠利率。

四、担保方式

农民专业合作社贷款采取保证、抵押或质押的担保方式，农民专业合作社成员贷款采取"农户联保＋互助金担保""农户联保＋农民产业合作社担保""农户联保＋互助金担保＋农民专业合作社担保"或其他担保方式。

五、需要注意的问题

《中华人民共和国农民专业合作社法》2006 年 10 月 31 日由全国人大十届常委会第二十四次会议通过，自 2007 年 7 月 1 日开始施行。作为社会主义新农村建设的新生事物，农民专业合作社对帮助农民致富、促进农村经济发展起到了重要的作用，并已成为一种新型的农村生产经营方式。农村中小金融机构在扶持这一新生事物过程中发挥了主力军作用，取得了一定的成效，促进了当地农村经济的发展。但在对有贷款的农民专业合作社走访调查中，我们发现农村中小金融机构在给各种农民专业合作社贷款的过程中出现了一些认识和操作方面的误区，亟待改进和引起关注。

1. 关注农民专业合作社成立的合法合规性，谨防"空壳社"

有些披着合法外衣的、有名无实的合作社，实际上等同与"空壳社"，其成立的目的就是获取国家优惠政策补贴，套取项目资金和银行贷款，其行为已严重影响到其他正规合作社的诚信经营和健康发展，威胁到中小金融机构的信贷安全，因此农村中小金融机构要密切关注农民专业合作社的合法合规性，在积极支持正规合作社经营发展的同时，要坚决将披着合法外衣的"空壳社"阻隔在银行信贷资金支持体系之外。

2. 关注农民专业合作社运作的有效性，慎防问题严重无发展前景的合作社

尽管大部分合作社制定了章程，设立了理事会、监事会和社员大会等必要机构，但由于成立时间晚，经验不足，不少合作社在具体运作和发挥效能方面存在许多严重问题，归纳起来主要表现在以下几方面：

（1）合作意识薄弱，缺乏为社员服务的精神。

（2）缺乏实质性的民主管理。

（3）内控制度不完善。

（4）盈利模式和盈余分配方式存在不足，部分合作社利益分配混乱，股金分红和利润返还随意性大，不能按成员的出资额、成员与本社的交易量进行盈余分配。

（5）抗风险能力弱。主要表现为：经营规模小，注册资金不足；会员以个人身份接触市场，市场适应能力弱，经营风险大；内部合作不紧密，缺乏凝聚力，难以形成利益共同体；资金缺乏，项目资金及优惠补助不能及时到位；社会保障体系不健全，各种风险保障措施（如农业保险）不能及时跟上，阻碍了合作社发展壮大。

3. 防止农民专业合作社挤占挪用会员贷款和变相套取银行贷款

例如，某养牛合作社所辖牧业园，银行承诺向牧业园内每个农户贷款 30 万元，贷款取得后作为进入园区的条件，农户要将其中的 10 万元贷款交给园区进行固定资产投资，其余 20 万元农户才能用于买牛及在园区内养牛的费用支出。又如某养鹿合作社，前身是以养鸭为主的村集体组织，在前些年套取某银行贷款后，养鸭产业化为乌有，银行的养鸭贷款成了呆死账，现在摇身一变又成了养鹿合作社，该合作社现已取得部分贷款，并还要银行增加信贷支持。

4. 及时总结经验教训，审慎发放农民专业合作社贷款

面对众多合作社的发展现状，农村中小金融机构要及时总结经验教训，在积极扶持的同时，采取多种措施审慎发放贷款。

一要严格做好贷前调查工作，对农民合作社合法合规性及运作的有效性进行严格贷前调查，包括成立的合法性（机构场所、会员构成、章程、营业执照情况）、运作的合规性（入社退社情况、民主管理情况、为社员服务情况、盈余分配方式等）、发展前景、诚信状况、市场风险等进行详细的贷前摸底调查，形成详尽的贷前调查报告，对不具备规定条件的"空壳社"、有严重问题的合作社和变相套取银行贷款的合作社要坚决排除在外。

二要高度重视农民合作社存在的信用风险和市场风险，成立或聘请相应的评估机构，对其进行贷前信用和市场风险评估，对不具备实力、不诚信的高风险合作社要审慎贷款。

三要严格把好审核关，成立专门的合作社贷款审核机构对合作社贷款进行多方审核，审核的重点是农民专业合作社的合法合规性、运作的有效性、是否存在信用风险和市场风险，以及是否存在变相套取银行贷款和挤占挪用会员贷款的问题等。

四是做好贷后检查和后期帮扶工作，积极防范贷后资金风险。

五是树立农村中小金融机构支持合作社发展的典型，对有一定实力、合法合规经营、内部管理完善、运行良好、有发展前景的合作社在信贷资金方面给予大力支持，并以点带面良性发展。

第七章

农民专业合作社的扶持与发展

第一节　国家优惠政策扶持

为了明确国家扶持农民专业合作社的基本政策，为其发展创造良好的政策环境，《农民专业合作社法》第八条规定，国家通过财政支持、税收优惠和金融、科技、人才的扶持以及产业政策引导等措施，促进农民专业合作社的发展。同时，国家鼓励和支持农业企业、农业科技服务组织、科研教学单位等社会各方面力量，为农民专业合作社提供政策、技术、信息、市场营销等服务。党的十六大以来，党中央、国务院对农民专业合作组织的发展做出了一系列重大决策。近年出台的中央一号文件，都对促进农民专业合作组织发展做了具体部署，要求中央和地方财务要安排专门资金，支持农民专业合作组织开展信息、技术、培训、质量标准与认证、市场营销等服务；对专业合作组织及其办加工、流通实体适当减免有关税费；建立有利于农民专业合作组织发展的信贷、财税和登记等制度。

《农民专业合作社法》第七章专门设立"扶持政策"一章，明确了产业政策倾斜、财政扶持、金融支持、税收优惠等4种扶持方式。

一、产业政策倾斜

《农民专业合作社法》第四十九条规定，国家支持发展农业和农村经济的建设项目，可以委托和安排有条件的有关农民专业合作社实施。农民专业合作社作为市场经营主体，由于竞争实力较弱，应当给予产业政策支持，把合作社作为实施国家农业支持保护体系的重要方面。符合条件的农民专业合作社可以按照政府有关部门项目指南的要求，向项目主管部门提出承担项目申请，经项目主管部门批准后实施。

二、财政扶持

《农民专业合作社法》第五十条规定，中央和地方财政应当分别安排资金，支持农民专业合作社开展信息、培训、农产品质量标准与认证、农业生产基础设施建设、市场营销和技术推广等服务。对民族地区、边远地区和贫困地区的农民专业合作社和生产国家与社会亟需的重要农产品的农民专业合作社给予优先扶持。目前，我国农民专业合作社经济实力还不强，自我积累能力较弱，给予专业合作社财政资金扶持，就是直接扶持农民、扶持农业、扶持农村。

三、金融支持

《农民专业合作社法》第五十一条规定，国家政策性金融机构和商业性金融机构应当采取多种形式，为农民专业合作社提供金融服务，具体支持政策由国务院规定。银监会和农业部2009年2月出台的《关于做好农民专业合作社金融服务工作的意见》提出5点措施。

（1）把农民专业合作社全部纳入农村信用评定范围。由此，银行等金融机构可以更好地了解农民专业合作社经营状况，信用记录良好的农民专业合作社也有望更加便捷地获得银行贷款。

（2）要求加大信贷支持力度，实施差别化的针对性支持措施。对于获得县级以上"农民专业合作社示范社"称号或受到地方政府奖励以及投保农业保险的农民专业合作社，要在评级、授信、用信等方面给予适当优惠。

（3）鼓励有条件的农民专业合作社发展信用合作。优先选择在农民专业合作社基础上开展组建农村资金互助社的试点工作。允许符合条件的农村资金互助社按商业原则从银行业金融机构融入资金。

(4).鼓励发展具有担保功能的农民专业合作社，运用联保、担保基金和风险保证金等联合增信方式，以及借助担保公司、农业产业化龙头企业等相关农村市场主体作用，扩大成员融资的担保范围和融资渠道，提高融资效率。

(5) 要围绕提高审贷效率和解决担保难问题，逐步探索对农民专业合作社及其成员进行综合授信，实现"集中授信、随用随贷、柜台办理、余额控制"。

四、税收支持

农民专业合作社作为独立的农村生产经营组织，可以享受国家现有的支持农业发展的税收优惠政策。《农民专业合作社法》第五十二条规定，"农民专业合作社享受国家规定的对农业生产、加工、流通、服务和其他涉农经济活动相应的税收优惠。支持农民专业合作社发展的其他税收优惠政策，由国务院规定。"

根据《财政部国家税务总局关于农民专业合作社有关税收政策的通知》规定，自 2008 年 7 月 1 日起，对农民专业合作社的税收政策按下列情况办理：

(1) 对农民专业合作社销售本社成员生产的农业产品，视同农业生产者销售自产农业产品免征增值税。

(2) 增值税一般纳税人从农民专业合作社购进的免税农业产品，可按 13％的扣除率计算抵扣增值税进项税额。

(3) 对农民专业合作社向本社成员销售的农膜、种子、种苗、化肥、农药、农机，免征增值税。

(4) 对农民专业合作社与本社成员签订的农业产品和农业生产资料购销合同，免征印花税。

第二节　当前农民专业合作社运行中的主要问题与对策

当前基层农民专业合作社在发展过程中面临着各种各样的问题。造成这些问题的原因既有人为因素，也有客观因素；既有合作社自身因素，也有外部因素，在合作社发展初期，这些问题的存在是很正常的，关键是要发现问题，对症下药解决问题。目前农民专业合作社发展中的问题有哪些呢？下面我们逐一剖析。

一、利字当头，忽视社会性

一些合作社领头人利字当头，忽视合作社的服务性，盲目追求利润最大化和政绩，忽视社员的主体地位，使合作社成了家族企业或股份公司，离合作社的目标越来越远，离社员的心越来越远，当然也就离自我毁灭越来越近。

对策措施：返璞归真。引导合作社干部职工深入学习合作社的相关法规及知识，还合作社本来的"三性"（群众性、经营性、服务性）面目；引导合作社尽量杜绝一味追求利润最大化的短视行为，努力提高社员的参与程度，提高社员的民主管理能力，提高为社员服务的功能。

二、规模不大，实力不强

《农民专业合作社法》在2007年7月1日实施后，农民专业合作社的发展如雨后春笋，势不可挡，很令人鼓舞，但是，我们也要清醒地看到，为数不少的合作社，其规模和实力还无法适应现代市场的竞争：社员人数很少，只有十户八户的，出资的也寥寥无几；农产品种植规模小，标准化生产水平低，并且缺乏特色或主打农产品，缺少与其他经济实体交易谈判的话语权。

对策措施：内引外联。引导他们稳扎稳打，学会宣传发动，密切联系群众，打好群众基础，逐步扩大社员规模和出资规模。引导他们主动与高校和科研院所进行产学研交流与合作，提高种植、养殖技术的现代化程度，并根据市场变化调整种植结构，不断扩大农产品生产规模，加强农业的标准化生产和品牌化生产，提高以优质农产品取胜的能力，提高自身在市场上的竞争实力。

三、业务范围不广，市场销售不活

根据调查发现，目前相当一部分合作社的业务内容只限于经销农资，且种类有限，价格上也没有社员和非社员的区别，没有将农产品销售作为业务重点。这就使得合作社的服务范围只局限在产前和产中，而对产后服务没有涉猎。由于产后阶段才是合作社与社员之间利益分配的最重要环节，直接关系到农民增收幅度的大小，长此以往，合作社的组织基础就会大大松动，甚至于有名无实。

对策措施：重点突破。针对这样的合作社，要引导合作社适时适度地调整和扩大合作社的业务范围，抓住重点，抓住要害，全力攻坚。必须引导合作社以产品销售为重点，提供优质产品，打造专业销售人才，构筑营销网络，使服务内容逐步覆盖农产品的产销全过程，形成产销一条龙，路才能越走越宽，才能真正体现农民受益。

四、组织层次较低，集约经营不够

目前，农民专业合作社的社员基础和活动范围大都局限在村一级，好一些的，社员范围能跨村，能跨到乡镇一级的就很不错了。因此，合作社数量很多，但是组织层次都不高。在市场竞争力、产品规模、品牌知名度和谈判筹码等方面都缺乏竞争优势，抗御风险的能力也很有限。

对策措施：化零为整。应该因地制宜，从实际出发，鼓励一些区位相邻、产业相同、有共同志向的合作社通过自愿方式合并重组成组织层次较高的合作社;也可以鼓励一些规模、实力、基础相对较强的合作社,在双方自愿的基础上,通过友好磋商和平谈判等,兼并一些规模、实力、基础相对较弱的合作社,进而重组成组织层次较高的合作社。如果这些措施能够逐步实现,那么,一些农民专业合作社的组织层次就可能逐步提高到跨乡镇的层次。农民专业合作社的总体数量减少,但社员的规模扩大,合作社的组织层次提高了,实力大大增强了,规模优势的长处就可以发挥出来了。当然,我们应该在充分尊重农民选择的基础上,对其因势利导,使其自愿采取上述措施。

五、力量分散,各自为政

目前,农民专业合作社发展速度惊人,但大多力量薄弱,并且合作社之间缺乏交流,没有充分发挥信息资源共享的优势,且一些合作社为了争夺有限的市场资源而形成恶性竞争,制约了合作社的发展。

对策措施:合纵连横。合作社不仅要在内部建立"利益共享、风险共担"的发展机制,而且要注重合作社间的横向联合,形成合作机制,做到共进共退,互利双赢。

应该逐步引导一些区域范围相接、产业基础相似、专业特点相近、业务活动开展得比较得力的合作社,逐步探索成立联合会或联合社,通过资源整合以弥补基层合作社实力的不足。单个的基层合作社就等于是放大了一些规模的农户,面对这么大的市场,往往还是心有余而力不足。联合社或联合会的好处就是能够整合资源,优势互补,协调进步,实现一加一大于二的效果,以弥补单个合作社的不足,做好单个合作社做不了或做不好的事情。

六、资金缺乏,造血不足

目前,制约农民专业合作社发展的一个很大的问题,就是合作社资金不足。没有钱，何谈发展事业呢？由于很多农民群众对合作社缺乏了解和信任，加之农民财力确实有限，因此出资积极性不高，导致很多合作社经济基础薄弱。近年来，虽然中央政府和各级政府加大了对合作社的扶持力度，但毕竟不能满足数量庞大、日益增长的合作社的需要。合作社融资难的问题在短时间内不会有很大改观。

对策措施：聚沙成塔＋借鸡下蛋。如何解决资金不足的问题呢？一是帮助合作社加大宣传与贯彻力度，引导农民群众积极加入合作社，大家都能出一些资金，积少成多。二是加大对合作社经营与营销等方面的指导、扶持和服务力度，帮助合作社闯市场、实现收入增长。三是加大对合作社申报涉农项目和融资等方面的指导，提升合作社在这些方面的实务技术。四是积极向各有关方面疏通，争取其对合作社更大力度的支持。

七、人才匮乏，急需培引

如果说缺少资金意味着当前农民专业合作社存在硬件不足问题的话，那么缺少专业人才就意味着当前农民专业合作社存在着软件不足的问题。合作社是一个企业，还应该是一个现代的企业。支撑现代企业必须有一支业务出众、本领过硬的人才队伍。这支队伍中，既要有管理人才，也要有营销人才，还要有规划、财务、策划、法律、谈判、外语、网络、流通、后勤保障等很多优秀人才。但现实是绝大多数的合作社目前都不具备这样的人才优势，基本上是靠农民群众自己打拼。而这，显然与现代企业的目标相差甚远。

对策措施：土洋结合。解决合作社人才不足的办法有很多，一是要加大人才培训力度，理事长应该带头参加培训，理事会和监事会成员、业务骨干和社员都要参加培训。目前，针对合作社的培训班比较多，可以有组织、有重点地把对症培训和强化培训相结合。二是要积极引进人才，可以聘任大专院校和科研院所的科技与管理人才兼职，也可以利用国家促进大学生就业的优惠政策等吸引大学生加盟。

八、不够规范，需要治理

目前，由于合作社处于发展初期，外部环境有待提高，出现了一些似是而非、不规范的现象。例如，由于缺少人才，不善管理，一些合作社形同虚设——没有规范的制度，没有自己的主营业务，甚至没有正式的办公场所，设立目的多是为"随大流，赶时髦"或是应付检查和完成上级指标；也有个别合作社，社员民主管理制度被架空了，合作社实际被一小部分人或一人控制，其民主性和社员参与性无从体现；还有个别人打着合作社的招牌，套取国家的优惠政策和对合作社的直接补贴，用于私人公司或直接据为己有、现场"分赃"。

对策措施：双管齐下。尽管上述问题属于少数或个别现象，但也必须引起我们足够的重视。有地方领导曾形象地说："我们希望合作社是一个强胎，差一些也得是个弱胎。无论如何不要长成怪胎。"一个合作社，可以小，可以弱，但不可以假，不可以"四不像"！如果不能及时纠正这些个别或是少数现象，任其发展下去，就会"一条鱼腥一锅汤"，就会影响到合作社"在老百姓心目中的形象"，就会影响到"三农"事业的大局。为此，我们一定要以旗帜鲜明的态度，下大力气解决上述不规范问题。解决这个问题主要采取两个办法，一是要强化对合作社的指导和扶持力度，要引导合作社加大学习和培训力度，并使其努力完善民主管理，在合作社内部形成好的风气、好的氛围、好的机制；二是要向有关部门积极反映情况，营造引导合作社向规范化发展的外部环境；配合有关部门逐步健全相关的规章制度，加大对合作社的监管力度，并完善合作社退出机制。

九、盲目发展，需要引导

目前，一些合作社由于人才和机制的缺位，在管理上存在漏洞，对合作社的长期发展没有清晰的认识，缺乏合理规划，合作社的具体运作多是理事长"随机应变"，临时拍脑袋决定，盲动性严重。因决策失误给合作社造成巨大损失的例子时有发生。另外，很多合作社在参与市场的过程中，与其他经济实体交易时，由于缺乏法律支持和法律知识，经常处于劣势，容易被利用，也容易给合作社造成负面影响，产生"惧市心理"。

对策措施："没有规矩，不成方圆"。解决上述问题，关键还是在制度。要按制度管人，按制度办事。为此，要指导合作社更好地建章立制。这些制度包括管理制度、学习与培训制度、用人聘人制度、法律援助制度、风险防范制度等。制度一旦确立，就要按章办事、决不含糊，保证制度实施的实效。要通过制度的建立和保障，使合作社活用人才，做到人尽其才，物尽其用，令行禁止，政通人和。

十、落后形势，创新滞后

国家出台了很多促进农民专业合作社加快发展的扶持政策及优惠政策，但有些政策的具体落实，还存在一定的滞后性。同时，由于各个地区条件的差异，也造成一些政策衔接不畅；个别地区的政府部门职能不清，造成合作社"不知听谁的好"。对于合作社的长远发展来说，政策引导至关重要，为合作社创造良好的外部发展环境势在必行。

对策措施：反客为主。我们在呼吁各有关部门按照中央指示精神加快制定支持农民专业合作社发展的各项具体措施的同时，也必须清醒地认识到，合作社的发展，最终是要实现"民办公助"的，说到底，农民专业合作社的主人公是农民，是社员。一定要积极宣传、引导农民社员的主人公意识，培养他们"我为人人，人人为我"和"利益共享，风险共担"的合作意识。发动大家充分利用国家政策，积极行动，大胆实践，通过组织和参加合作社，实现共同富裕。让农民的首创精神成为国家政策制定、实施的依据和出发点、落脚点。

总之，当前我国合作社的经济与许多发达国家相比，差距还是很大，任务还十分繁重。农民专业合作社发展上存在着人才"四少"的问题，即合作社中懂技术、善经营、会管理、肯吃苦、能创业的优秀带头人较少；行业指导部门中通法律、懂政策、会监管的指导人员较少；理论深厚，善于把国际先进经验和我国国情，融会贯通、善于理论联系实际的教学科研人员较少；在广大农村，有合作意愿、合作思想，并有一定合作社基础知识的农民群众较少。为此，需要政府和有关部门及合作社组织高度重视合作思想的传播和合作社知识的普及工作，使农民专业合作社又好又快发展。

第三节　发展农民合作联社

合作社是社会上处于弱势地位的群体为改变自身劣势，按照一定的原则组织起来，与其他社会经济组织共生共赢的组织。因此，从理论上讲，走向联合是合作社自身发展的必然要求。

就合作社本身而言，组建联合社主要有几个好处：一是节约交易成本。通过联合，合作社可以进一步节约生产资料和生活资料的交易成本，增强对成员的吸引力。二是增加农产品销售的效益。三是通过联合组织谈判能力的提升，提高成员的经济和社会地位，从而增强成员的社会影响力。四是通过联合组织的运行，扩大合作社文化的传播。

从目前的发展情况来看，我国合作社拥有的资产、成员数量都非常有限，创造的经济效益水平也偏低，这些都在一定程度上影响了合作社的组织功能。因此，最终走向联合，是合作社实践发展的客观要求，也是合作社可持续发展的一个必然趋势。

一、国外的联合社经验

从国外的经验来看，联合社的构建主要通过以下两种途径：

一是自下而上的联合。西方国家合作社的组织体系一般由基层合作社—地方联合会—全国联合会三级组织构成。西欧和北美的一些联合社是由家庭农场主自下而上发起成立的。日本的合作社系统也是按照不同的类型，逐级将合作社联合在一起。这种联合有两个特点：要有一定数量的基层社员作为发起人，制定联合社的章程，联合社成员大会通过，政府有关部门批准后登记，取得法人资格；农民成员平均受教育年限较长、素质和能力较强，而且要有较强的组织能力、沟通能力和经营能力。

二是自上而下的联合。这种联合社一个最大的特点是，发展过程中受到政府的干预较多，自组织特色不明显。这种强制性组建联合社的原因主要有两个：农民成员的文化素质和能力不高，合作意识和合作能力较弱或者不匹配，难以在更大范围内合作共赢。为了达到某种目的，各国政府主动发起成立联合组织。韩国于1961年7月通过了《农业协同组合法》，同年8月成立了中央农协会，同时设立了140个市郡农协、10个专业农协、21 042个村级农协，韩国农协则自1981年起实行基层农协—农协中央会的两级组织体。

二、我国农民合作社联合社制度设计的缺陷及探讨

1. 发展规模不合理

从全国范围看，农民专业合作社联合社所从事的服务主要停留在种植业、养殖业等方面初级农产品的生产上，大多数还只是停留在农业生产的产中环节，从事加工、运输等行业的农民专业合作社联合社较少，由此导致农民专业合作社联合社所经营的农产品在加工转化水平、科技含量和附加值等方面都较低，因而市

场竞争力不强，获得利润的空间狭窄，这就导致合作社联合社的组织功能结构单一，发展规模小。从总体上看，合作社及其联合社的发展尚处于起步发展阶段，在发展速度、组织规模、辐射能力等方面与发达国家的合作社相比都存在较大差距，自身也存在很多不足之处。

2. 联合社主体地位的不统一

我国宪法中一直都把合作经济归为集体经济，这种混淆合作经济和集体经济本质区别的界定导致合作社法律地位不明确，为合作社注册登记和正常营运带来困难。虽然这种情况在《农民专业合作社法》颁布实施后得到了明确的解决，但是对于合作社联合社主体地位的认识仍处于不统一的状态。

深究这种认识不统一的原因，我们不难发现，这与合作社联合社的创建主体不同有密切关系。大部分合作社联合社是由包括基层政府、农业部门、供销社、科协和涉农企业等牵头组建的，而由农民专业合作社自己联合创建的只占少部分甚至是很少一部分，这不仅违背了"民办、民管、民受益"的原则，使农民的主体地位受到削弱，而且让合作社联合社的主体地位难以确定，给其登记注册问题带来了不确定因素。

另外，由于关于农民专业合作社联合社的法律法规尚属空白，没有法律依据，这就给工商管理部门如何辨认合作社联合社能否给予登记注册带来了困难。因此，应该尽早出台关于合作社联合社的基本法律法规，以便给合作社联合社的发展提供法律支撑。

3. 公共政策支持程度低

除农民专业合作社联合社的组建未受足够重视外，对于联合社公共政策的支持也未达到理想的程度。从产业政策方面看，农民专业合作社联合社是农业产业化经营的重要载体，而农业产业化经营水平的提高又为农民专业合作社联合社提供广阔的发展空间，因此应该加快农业结构调整的步伐，提高农业生产的市场化、专业化和规模经营水平，带动农民专业合作社联合社的建立和发展。国外的实践也表明，明确的法律保护和强有力的产业政策扶持，是农民专业合作社联合社健康发展的根本保证。然而在我国，尽管近年来中央连续几年强调发展农民专业合作社及其联合社的重要性，但部分地区的产业政策扶持力度仍然不大，并未形成因地制宜发展具有特色主导产业的定向发展战略。

从财政政策支持角度看，一方面，面对农业产业化和合作社联合社发展的新形势，部分省份的政府资金扶持政策并未落到实处；另一方面，税收政策，特别是依法减税工作未能有效落实，这无疑在一定程度上影响了农民专业合作社联合社发展的数量和规模。

三、我国合作联社的发展策略

第一，针对我国的国情和农民专业合作社联合社发展的现实情况，一方面，应该摒弃计划经济时期指令性强逼农民加入合作社的做法。在市场经济背景下，政府应该扮演引导者的角色，加大宣传力度，使农民明白合作社联合社的意义，提高农民对合作社联合社的认识和参与合作社联合社的积极性，在落实各项扶持政策、协助合作社联合社健康发展的同时，应避免行政色彩的渲染，始终保持引导者、服务者的地位。另一方面，政府应该放开农民专业合作社、联合社的发展。只有加强农民之间的联合，才能让农民的生活更加富裕，只有农民生活富裕了，才有整个国家的安定和富裕。因此，政府应是农民专业合作社联合社发展的引导者、扶持者、服务者。

结合各国政府的成功经验，对我国各级政府在合作社联合社的发展过程中如何发挥积极有效的促进作用提出以下几点建议：①各级政府财政部门设立扶持农民专业合作社联合社的专项资金，支持合作社联合社开展各项培训、技术推广活动，这一支出应列入中央及地方每年的财政预算，专款专用，引导农民专业合作社联合社的发展。②对于由农民这样的弱势群体组成的合作社联合社，政府应在税收上给予最大限度的优惠，以减少生产成本，加快农民增收。③为农民专业合作社联合社提供信息和培训等方面的服务，提高联合社工作人员的素质，以保障联合社合法、有效运转。

第二，通过比较不难看出，与"自下而上"相比，"自上而下"的发动方式比较迅速，但依此组建的联合社容易变质，上下级之间领导与被领导的关系明显，因而保持基层社的民主、独立精神至关重要。而我国封建官僚统治历史悠久，部分地区政府人员官僚主义思想严重，若依"自上而下"的形式组建合作社联合社，可能得到事倍功半的结果，不仅不能促进联合社健康、有效运转，而且可能导致行政干预色彩过浓，违背了合作社联合社自由、民主的基本原则。而"自下而上"地组建合作社联合社，更符合我国农民人口多、农产品地域差异明显的现实国情。针对不同地区、不同产品，由基层社组建符合地方特色产业的联合社，发挥资源优势，协调和整合基层社之间的矛盾和冲突，在更大范围内实现规模经济，促进农民增产增收，支援社会主义新农村建设。

第三，健全的法律法规是农民专业合作社联合社健康、有效运转的基本保障，在合作社联合社发达的国家内无一例外地都进行合作社及联合社的立法工作。目前，《农民专业合作社法》对联合社的相关内容规定尚有空白，这将不利于合作社联合社事业的发展。现实情况下，制定一部全国性的合作社联合社法可能还比较困难，但不妨在农民专业合作社联合社事业发达地区制定地方性法规，为合作社联合社的发展提供法律保障，待时机成熟，再进行合作社联合社的全国性立法工作。

第四，不断提升服务能力。联合社的服务内容不仅包括农业生产资料的提供、农产品销售服务、田间管理技术服务，而且还包括信息、金融等方面的服务。只有不断提升服务能力，才能增强联合社的吸引力。山东省威海市农民专业合作社联合会由合作社、农业龙头企业等市场主体自愿组成。该联合会以"为会员服务、维护行业利益"为宗旨，对全威海市的合作社建设和发展进行指导、扶持和服务；与政府等有关部门沟通，反映会员需求，并组织开展科技、信息、市场营销等方面的服务，帮助加入联合会的会员扩大市场份额和社会影响力。实践证明，这种依托区域主导产业不断扩大服务范围、提升服务能力的发展模式是可取的。

第五，处理好政府与联合社发展的关系。政府与合作社的关系问题一直是世界合作社运动中难以处理好的关系之一。当二者的关系协调较好时，合作社会出现良好的发展势头；反之，会造成合作社发展的迟滞。而如果政府调控手段不合理，也会造成合作社出现异化或偏离运行轨道，走上"非合作化"的道路。因此，在联合社的宏观管理过程中，要把政府与联合社的关系视为伙伴关系。

第四节 农民专业合作社经营的基本技能

当今世界，经济全球一体化是发展的一大趋势。合作社经济作为世界经济的一个重要组成部分，面临着新的机遇与挑战。在21世纪如何抓住新机遇、迎接新挑战，使中国农村专业合作社在国内外市场激烈的竞争中不仅生存，而且得以更大的发展，目前办法主要有两条：一是增强合作社的凝聚力；二是增强合作社的竞争力。这条是抓住机遇、战胜挑战的立社之本。本节针对农民专业合作社的发展就使命和负责人的凝聚力、领导力来稍做阐述。

一、农民专业合作社使命

什么是使命？使命是企业在全社会经济领域中所经营的活动

范围和层次，即企业在社会经济活动中的身份或角色，它包括的内容为企业的经营哲学、企业的宗旨和企业的形象。简言之，使命就是指对自身和社会发展所做出的承诺，合作社存在的理由和依据是组织存在的原因。

合作社与私人企业有相同处又有不同处。相同处在于都是由一个发起人建立了组织，指合作社或公司。不同的是，企业是个人投资来经营一项事业，合作社是发起人联合众多的人共同做一项事业。企业是经营收入由个人支配，合作社是利益均摊，但二者的使命方向有共同点，无论企业或合作社在制定战略之前，必须先确定它的使命。如果一个企业找不到存在的合理原因或原因连自己都不明确，或者连自己都不能有效说服，企业的经营问题就大了，也许可以说这个企业"已经没有存在的必要了"。就像人经常问自己"我为什么活着"的道理一样，企业的经营者们对企业应该了然于胸。合作社同样是要知道成立合作社要完成或解决什么，成立合作社是要做什么。下面介绍一些世界优秀企业的使命，可以借鉴。

迪斯尼公司——使人们过得快活。

荷兰银行——透过长期的往来关系，为选定的客户层提供投资理财方面的金融服务，进而使荷兰银行成为股东最乐意投资的标的及员工最佳的职业发展场所。

微软公司——致力于提供使工作、学习、生活更加方便、丰富的个人电脑软件。

索尼公司——体验发展技术造福大众的快乐。

惠普公司——为人类的幸福和发展作出技术贡献。

耐克公司——体验竞争、获胜和击败对手的感觉。

沃尔玛公司——给普通百姓提供机会，使他们能与富人一样买到同样的东西。

IBM公司——无论是一小步，还是一大步，都要带动人类的进步。

华为公司——聚焦客户关注的挑战和压力，提供有竞争力的通信解决方案和服务，持续为客户创造最大价值。

联想电脑公司——为客户利益而努力创新。创造世界最优秀、最具创新性的产品；像对待技术创新一样致力于成本创新；让更多的人获得更新、更好的技术，最低的总体拥有成本（TCO），更高的工作效率。

万科——建筑无限生活。

1. 农民专业合作社是做什么的

农民专业合作社是广大农民适应市场经济发展要求，在家庭联产经营基础上，按照"民办、民管、民受益"的原则，自愿组建的互助性合作经济组织。坚持"民办、民管、民受益"的原则，通过合作经营和服务获取更多的经济效益，使农民真正得到实惠。

坚持"民办"，是农民专业合作组织建立和发展的前提。坚持"民管"是农民专业合作组织建立和发展的保证。坚持"民受益"，是农民专业合作组织得以发展的核心，也是其生命力所在。它是增加农民收入、提高农民整体素质、推动现代农业建设的一种有效组织形式，是促进新农村建设、构建和谐社会的重要内容。

联合国于2012年国际合作社在世界范围内举办以"合作社，让世界更美好"为主题的系列活动。农民合作组织在村域经济社会转型发展中承担着重要历史使命。

我国的农业农村正处在由传统向现代化转型的关键时期。村域所有制结构已由单一集体经济转向农户经济、集体经济、新经济体三足鼎立新格局。村域产业已由"农业—副业型"结构转向以农业为基础、工业为主体、服务业为支撑的新结构。村域社会结构已由血缘、亲缘村落转向业缘型村落，成为产业、专业市场与人口集聚的重要载体。村落社会成员迅速分化。这种局面，一方面正在改变聚落结构的族群特质，另一方面对农村基层治理格局带来挑战。村域传统农业转型为现代农业，特色村域经济端倪初露（四种村域经济类型）。农业农村哺育工业和城市转型为反哺，城乡一体化已成为区域性发展战略。

村域经济多极化主要分为以下 4 种类型：

（1）贫困型村域经济。传统农业村落、山区少数民族聚居村落、未开发的古村落等。村集体可支配年收入 5 000～30 000 元之间；农民收入勉强维持简单再生产。

（2）温饱型村域经济。现代农业型村落、旅游型村落、工商业和专业合作经济组织有所发展村落。村集体可支配年收入，长江三角洲 20 万～100 万元，中西部地区 10 万～50 万元。农户收入在满足家庭消费之后，尚有一定的积累能力。

（3）小康型村域经济。包括现代农业村、已开发的古村落、旅游村等。村集体可支配年收入 100 万～300 万元，农户人均纯收入接近或超过全面小康（人均 8 000 元）标准。

（4）巨富型村域经济，超常规发展的工业村、市场村。村集体年可支配收入 300 万，上千万元甚至十多亿元，村民人均年纯收入 1.5 万元左右，最高达到 6 万多元人民币，村域经济社会发展充满活力。

2. 导致村域经济两极分化的主要因素

我们认为，相临村域出现的发展差距，不能用宏观环境、资源等来解释。唯一能解释的是村落精英人物及其他们发挥的作用不同。改革起点差异，村落基础设施、村集体经济水平、集体财产分割程度、改革路径选择、市场占有先机等都可能导致发展差异。而这一切都是村落精英引导的结果。毫无疑问，村域经济社会转型发展的快慢，起决定因素的是人，是村落精英。

谁堪称精英？旧中国有乡绅，新中国有中国共产党的农民党员、基层组织的负责人、农民企业家、合作社负责人，组织起来才有市场竞争力。组织、团结和带领农民发展经济，维护自己的合法权益，推动所在村域经济社会加速向现代化转型发展，是农民合作组织负责人义不容辞的重大历史使命。

二、农民专业合作社凝聚力

凝聚力能把各种不同背景的人吸引到一起。农民专业合作社组织凝聚力，即指农民专业合作社组织内对每个农民成员的吸引力和向心力，以及农民专业合作社组织内各个农民成员之间相互依存、相互协调、相互团结的程度和力量。

根据农民专业合作社组织形成的原因，农民专业合作社组织凝聚力分为精神凝聚力和物质凝聚力。这两种凝聚力既相互联系，又相互区别；既相互促进，又构成完整统一的农民专业合作社组织凝聚力。这里为大家提供国外一些优秀企业的精神凝聚力，实际就是企业精神。到这些优秀的企业去走一走，只要你走进厂房，到处都可见到企业的精神和理念。

美国 IBM 公司："IBM 就是服务。"

美国德尔塔航空公司："亲如一家。"

波音公司："我们每一个人都代表公司。"

本田科研："用眼、用心去创造。"

开拓农机公司："世界各地二十四小时服务。"

雷欧·伯纳特广告公司："创造伟大广告。"

美国电报电话公司："普及的服务。"

百事可乐公司："胜利是最重要。"

成功企业的秘密是具有强有力的团队。要想把合作社建设得更好，要有精神理念，要有共同的目标来聚拢社员的心。可以说，在任何行业，任何成功者的后面，一定有一支强大的团队。现代的社会，不再是靠个人单打独斗，而是靠组合资源，抱团打天下。个人的能力再大，即使有三头六臂，也一定做不大，而且会累得半死。

世界前首富保罗·盖帝说过一句话：我宁愿用 100 个人 1％的努力来成功，也不愿用 1 个人 100％的努力来成功。

1. 合作组织团队的特殊性

主要有 3 个特点：一是没有打工的人，每个人都是为自己打工，都是自己的老板，大家在一起都是合作的关系。二是没有管理者，只有领导者，没有谁来要求你这样，要求你那样。谁是领导者？就是那些有经验的团队领导人。三是没有强制性的规章制度，但是大家又都必须遵守共同的团队文化和理念，并自觉规范自己的行为。总之就是"自主经营、自负盈亏、自我发展、自我约束"。

2. 增强合作社凝聚力的主要途径

加强民主管理。社员是合作社的主人，要通过建立和健全一种民主管理的体制与机制，使广大社员都能积极参与合作社的管理事务。民主管理的体制体现在：建立与完善社员大会（或社员代表大会）及理事会、监事会的管理模式。建立理事会领导下的聘任经理的经营管理模式。中国及国际合作社发展的实践证明，这两种模式，是合作社实施民主管理、科学管理的重要前提。民主管理的机制主要体现在：民主管理的制度与决策程序，其中尤为重要的是财务审计制度与财务公开制度。为了顺利实施民主管理，还要解决两点：一是合作社经理的思想、业务、管理素质；二是社员的参与意识与民主意识，发展农业产业化经营。

三、农民专业合作社的领导力

1. 领导力可以分为两个层面

（1）组织的领导力，即组织作为一个整体，对其他组织和个人的影响力。从这个意义上讲，领导力是指在管辖的范围内充分利用人力和客观条件以最小的成本办成所需的事，提高整个组织的办事效率。

（2）个体领导力，对于合作社来讲，就是合作社负责人的领导力。从这个意义上讲，领导力是一种特殊的人际影响力，组织中的每一个人都会去影响他人，也要接受他人的影响。

自古以来，得民心者得天下。"天时、地利、人和，得其一可安一方，得其二可治国安邦，得其三则可平定天下"。中国重人和，民心所向是办大事、成大业的基本条件。因此，衡量一个负责人是否属于精英，关键看有无凝聚人心的人格魅力，有无动员力和号召力。作为一个领导人，公正无私是办大事、成大业的基本条件。

衡量一个人是否具有领导力的关键：是谋共同利益，还是谋一己私利；是风险共担，利益均沾，还是利益独享，见利忘义；是处处为成员着想，还是处处为自己着想；是奖惩分明，还是看人下菜，亲疏有别；是带头致富，慷慨解囊，还是一毛不拔，痞子"革命"。

前者是必定有凝聚人心的人格魅力，有比较强的动员力和号召力。后者则相反，最终被群众所抛弃。

2. 形成领导力必须具备的素质

（1）以身作则，树立榜样，用自己的言行和品格去影响带动大家。领导者要行得正，站得稳，这样去管别人、带别人，别人才会听你的。中国有句俗话：己所不欲，勿施于人。你要别人做到，首先你自己要做到。中国有一句话：喊破嗓子，不如做出样子。行动的力量是巨大的。还有一句话：上梁不正下梁歪，中梁不正下乱来。有什么样的领导人就会带出什么样的团队。行动是一种无声的语言，言教不如身教。做团队，就是做人。

人格魅力就是号召力、影响力。想一想，有些客户为什么会买你的产品？有些人为什么会跟着你干？有的人可能会说：那是我们合作好、产品好。这一点不错，但是，在他还没有真正了解你和产品、事业的时候，是什么在吸引他？一定是他对你的信任，是对你人格的认同。因此人格修炼是非常重要的。你人格魅力越大，人的吸引力就越大，跟随的人就会越多。如果你是一个私心很重的人，一个品行不端的人，很多人就会离你而去，你也管不好这个团队。

（2）凝聚自己的团队。要有目标，要有文化、规则和梦想，看到未来，描述未来，坚韧不拔地引领组织成员争取未来、实现未来。要有旗帜，对于一个组织来说，旗帜可能是一个具备核心凝聚力的人，也可能是一个具备核心竞争力的理念或产品。要有激情、号召力、战略和策略。改造社会，先要适应社会。要有计划能力、分析能力、执行能力和控制能力，这四个能力缺一不可。

（3）管观念，管心态。要营造一种氛围，形成一种企业文化，得到大家的共识，统一思想，让大家知道应该做什么，不应该做什么。只有达成共识，才会变成一种自觉的行动。聪明的团队领导人就是首先要去管团队的观念和心态。观念、心态一旦改变了，他们就会产生一种认同感，行动就会自觉去遵守和维护。

（4）学会弹钢琴。什么是领导人？我们先看这个"领"字，左边是一个令字，就是说你是一个发号施令的人，不必事必躬亲，什么都自己做，你的职责就是引领、指引、带领大家朝着目标去奋斗。你必须学会弹钢琴。如果你学会了弹钢琴，你的工作就会变得很轻松。

（5）树立合作理念。合作社以自助、自我负责、民主、平等与团结等价值为基础；社员承袭创利者的传统，以诚实、开放、社会责任与关怀他人为信念。合作社是由一群具有共同关系与共同意愿的合作人，基于经济的共同需要，共同组织而成的非营利性互助、服务的企业组织，是以人为中心，以人为本，以社员为特定服务对象的互惠组织。

（6）影响别人，也接受别人影响。最后决定领导能力的是领导者的人格魅力。"一个领袖人物必须正直、诚实、顾及他人的感受，并且不把个人或小团体的利益和需要摆在一切衡量标准的首位。否则人们就不会追随他。"约翰·科特（John KuIt）这么说。领导行为是一个过程，领导包含着相互影响，领导行为是在组织中发生的，人际关系、沟通、冲突管理以及组织建设和维持都很重要。

四、如何当一名出色的农民专业合作社负责人

成功方法一：改变

有人总结了一个万能公式：

学习×改变＝成功

第一种人 0×10＝0

第二种人 10×0＝0

第三种人 10×10＝100

世界在变，时代在变，形势在变，你也要跟着变。如果你还是过去的老方法、老思维、老套套，你就会被这个世界所淘汰。所以，你必须改变，改变就会使你成为最大的赢家。

改变要超越和突破：超越自己、提升自己、改变自己。环境不可变，要变就变你自己。"山不过来我过去。"你改变了自己，就会改变这个环境，改变别人对你的看法，就会改变这个世界，改变自己的人生。

成功方法二：责任心

人因责任而活着；因梦想而伟大；因学习而改变；因行动而成功；因分享而快乐；因使命而永垂不朽。

三个木匠的故事启示我们：为工资而工作的人终生无果，为了生计而工作的人劳累辛苦，只有为了梦想而工作的人才能够功成名就。

成功方法三：具备十商

成功人士不可或缺的"十商"：一心商；二德商；三志商；四智商；五情商；六胆商；七逆商；八悟商；九财商；十健商。

一是"心商"，也称"心态"。就是维持人们心理健康、保持良好心理状况的能力。所谓"积极的心态"也是一种"求胜"的性格，它在选择人生的方向与质量时，通常表现为自信、快乐，对自己所处的环境很快就能很好地适应并能做到"如鱼得水"，

它将给人们带来健康、成功与财富，是人生成功的基础。而消极心态的人往往也是自卑、烦恼之人，由于具有"求败"性格，势必对现实与未来悲观失望，甚至自取灭亡。成功者与失败者的重大差异在于"心商"的差异，即观念、情感、意志、态度、习惯等的差异，是决定人生苦乐与成败的本源。心态决定命运。要有学习的心态、宽容的心态、平常的心态、乐观的心态、积极的心态、付出的心态、坚持的心态。

二是"德商"，就是一个人的道德品质。俗话说："小胜在智，大胜在德"，真正的成功者他们的道德修养一般都达到了很高的境界。在现实中。很多人的失败并非是他们做事的失败，而是他们做人的失败、道德的失败。高尚的道德必然形成高尚的品格，也就必然给他们带来了高尚的事业与高尚的命运。因此，要以高尚的道德来规范自己的行为，才能得到人生的乐趣、生命的精彩。

三是"志商"，就是确立人生志向和目标的能力。人要成功，首先要有成功的意念，使成功的强烈愿望渗透到人的潜意识中。《三国演义》中的曹操曾经说过："夫英雄者，胸有大志，腹有良谋，有包藏宇宙之机，吞吐大地之志也"。小志小成，大志大成。人生的发展规律与运行程序大概是：志向—目标—梦想—欲望—性格—态度—习惯—命运。而志向与目标是决定人们命运的重要因素。

四是"智商"，就是人的智力发展水平。智商＝智龄÷实足年龄×100 如果儿童的智龄与实足年龄相等，则智商为100，属于中等的智力水平。智商低于80与超过120是区分愚笨与聪明的衡量指标。这是一位美国心理学家推孟等在一百多年前提出的概念。而美国的另一位心理学家威廉·詹姆斯认为："一个健康的人终其一生却只用了他固有能力的10％"；还有人认为只用了4％左右。因此，人的大脑就像一个沉睡的巨人。

人脑的开发形式可分为家庭开发、社会开发和自我开发。而造成人才成长重大差异的根本原因是自我开发。即要形成自我开发的意愿、热情、方法，并形成自我开发的良好习惯，才能让自己的"智商"指数（潜能）发挥出较好水平。

五是"情商"，就是认识管理自己的情绪和处理人际关系的能力。情商包括 5 项基本内容：①认识自己的情绪，做到自知、自信。②管理自己的情绪，即如何自我调节、自我控制情绪。③自我激励，即如何设定自己的情绪目标，始终保持"胜不骄、败不妥"的激情。④同理心，即如何认识感知他人的情绪，了解别人的感受，做到与人和谐相处。⑤人际关系管理，即如何运用所掌握知识的能力与技巧来处理人际关系。

人际关系是人生事业成败的一个重要因素。情商高的人，人见人爱，总是能得到众人的拥护和支持，有利于自己的成功。人际关系也是人们生活中的一个重要资源。

六是"胆商"，就是继智商、情商之后开始成为人才市场招聘的新要求。无论是什么时代，没有敢于承担风险的胆略，任何时候都成不了气候。而大凡成功的商人、政客，都是具有非凡胆略和魄力的。

无论作为创业者、企业家或任何一个想要在事业上有所成就的人，都离不开"三商"能力，即智商、情商和胆商。而在今天，胆商更显示出其特有的作用，胆商就是胆识能力，即挑战、竞争和冒险的能力，高胆商的表现是：敢于面对逆境、困境，能够寻求突破的人胆商高；敢于面对压力，能把压力变动力的人胆商高；敢于面对变化，胆商高的人遇到变化很兴奋，善于从变化中找到机会；敢于面对竞争，寻求创新；该放弃的要放弃；敢于承担责任。

七是"逆商"，就是如何认识逆境和战胜逆境的能力。这是美国著名学者保罗史托兹明教授提出的，他认为智商、情商固然重要，但人生成功的程度取决于"逆商"的高低。逆境显示高尚与邪恶，逆境显示坚韧与脆弱。人格的伟大无法在平庸中养成，只有历经锤炼与磨难，愿景才会激发，视野才会开阔，灵魂才会升华。意志、知识、才能、灵魂往往在逆境中更能显示出逆商的高低。做人做事都"拿得起、放得下"，这样才能从容应对顺境与逆境。

八是"悟商"，就也称"灵商"，就是一个人对人和事物本质的慎思明辨的顿悟能力。有了悟性就能驱使我们把眼光放在意义与价值的追求上，从而在原有的基础上有所创新，其中的内涵也包括：能够看到隐藏在事物后面的精神因素，无形胜有形，把经验化为智慧。

如果将人生比喻为大树，智商、情商、胆商、逆商、悟商是大树之干。

九是"财商"，就是人们理财的能力，一般是指投资受益的能力。它包括两方面的能力：正确认识财富及财富倍增规律的能力（所谓的"价值观"）；正确应用财富及财富倍增规律的能力。

财商是与智商、情商并列的现代社会能力三大不可或缺的素质。可以这样理解，智商反映人作为一般生物的生存能力；情商反映人作为社会生物的生存能力；而财商则是人作为经济人在经济社会中的生存能力。

十是"健商"。即健康的身体。

成功者相信自己改变命运，失败者认为命运天注定。

成功者视挫折为挑战，失败者在挫折面前哀叹。

败将只要敢于"屡战屡败"就一定能够成为胜者；

胜者敢于"知难而进"才能够成为勇者；

勇者一往无前，再接再厉，就是成功者！

第八章

农民专业合作社建设、经营和管理的典型案例

一、天津市福山果蔬专业合作社

1. 基本概况

天津市福山果蔬专业合作社，是由合作社理事长刘福山发起，主要从事蔬菜和鲜食玉米的生产经营。2004 年 10 月成立，2006 年 7 月 12 日，在工商部门正式登记注册为合伙企业法人，《合作社法》实施后进行变更登记，注册资金 300 万元，全部为 326 名社员出资，出资额从 1 000 元到 200 万元不等。目前，总资产达到 430.4 万元，其中固定资产 170.7 万元，流动资产 259.7 万元。326 名社员全部为本地蔬菜、糯玉米种植户，带动周边农户 6 000 余户，带动种植面积超过 1 万亩*；建有蔬菜保鲜库和加工车间，合作社已注册"胜旺"牌蔬菜、糯玉米品牌商标；先后被认证为市级无公害蔬菜产地，中绿华夏有机产品认证机构认证的有机产品基地；在京津冀建立连锁经营店 15 家，在广州、上海建立了一批蔬菜批发销售网络。经营蔬菜、青食玉米品种达到 20 个以上。2007 年，销售社员产品总量达到 3 100 吨，销售总收入 651 万元，与非社农户比较，社员平均亩增收入 800元以上。

2. 主要特点和经脸

（1）合作社的发展是典型的能人带动型，合作社理事长刘福山是有名的农村经纪人。

---

* 亩为非法定计量单位，1 亩＝1/15 公顷。

（2）建立健全内部治理结构。合作社通过运行建立了以"一章、三会、三制"为主要内容的治理结构。即合作社章程、社员代表大会、理事会、监事会，议事制度、财务管理制度和盈余返还制度。特别是严格按照财政部《农民专业合作社财务会计制度（试行）》设置会计、出纳岗位，独立记账核算；合作社每年可分配盈余的60%要根据社员与合作社交易额的大小按比例分配给社员。

（3）实行"四统一服务"的运行机制。在日常经营服务中坚持"生产在家，服务在社"的理念，对内服务不以盈利为目的，对外经营以利润最大化为目标，通过实行统一农资供应、统一生产安排和技术标准、统一销售产品、统一会计核算的"四统一服务"，统筹整个生产经营全过程。

（4）该合作社总结的成功经验：产业是基础，紧紧抓住蔬菜产业的发展优势，把经营分散的农户组织起来；服务是支撑，利用合作社平台为农民进行市场信息服务、技术服务。利益是关键，合作社一头连农户，一头连企业，必须实现企业与农户"双赢"的目标。政府重视是保证，各级政府要从政策、资金、技术、税收等各个方面支持农民专业合作社发展。

二、内蒙古自治区兴安蔬菜种植加工合作社

1. 基本概况

内蒙古自治区兴安蔬菜种植加工合作社成立于2005年3月6日。由村集体牵头组建，会员由最初的218户已发展到580户。2005年，该合作社被科右前旗委员会、科右前旗人民政府评为农村合作经济组织先进单位。合作社创办初期，农民认为合作经济组织与解放初期的合作社一样，是归大堆，走集体化道路，重复老路，大部分农民不愿加入。村党支部、村委会认真学习党中央、国务院有关文件精神，考察了解先进合作经济组织的成功经验，提高自身认识。在此基础上，向农民大力宣传创办合

作社的意义和典型，宣传蔬菜种植加工合作社的成立方式、经营思路、管理模式、生产重点、分配方式等，通过宣传让广大农户知道加入合作社的好处，提高农户入社的积极性。2005年3月6日村党支部、村委会召开218名会员参加的会员大会，表决通过合作社章程。选举产生了由8人组成的理事会、7人组成的监事会，制定了各项工作制度及职责。明确了"民办、民管、民受益"的原则，以"服务成员，谋求全体成员的共同利益"为宗旨，实行自主经营、民主管理、盈余返还。成员地位平等、加入自愿、退出自由、利益共享、风险共担。

2. 主要特点和经验

（1）合作社发展是典型的集体经济组织带动型，由村党支部书记任理事长。

（2）做好宣传，提高农民入社积极性。在创办初期，向农民大力宣传创办合作社的意义和成功典型，宣传蔬菜种植加工合作社的成立方式、经营思路、管理模式、生产重点、分配方式等。通过宣传让广大农户知道加入合作社的好处，提高农户入社的积极性。

（3）加强实体建设，促进合作社持续发展。2006年，合作社通过会员入股，争取国家扶持资金、贷款等形式，投资200多万元建成了脱水蔬菜厂，2007年又投资80多万元新建了淀粉厂，解决了会员卖菜难的问题。

三、上海市鲜切花园艺专业合作社

1. 基本概况

上海市青村镇解放村非洲菊（扶郎花）种植已有10多年历史，但是产量不高，规模不大，技术服务不到位。2004年10月组建上海鲜切花园艺合作社，出资成员131户，出资总额50万元，注册资本100万元，带动周边花农456户，辐射3镇10个行政村。非洲菊（扶郎花）种植面积4 836亩（其中，出资成员2 106亩），合作社基地256亩，拥有标准化连栋大棚100幢。

2006 年上市鲜切花 3.05 亿支，占上海市场份额的 58％以上，年销售额 5 800 余万元，社员种植亩产值 1.25 万元，亩净利 7 500 余元，带动农户种植亩产值 1.05 万元，亩净利 6 500 余元。广大花农在合作社团队中以市场化经营理念合作互助，占领鲜切花非洲菊市场，带领农民过上了小康生活。

2. 主要特点和经验

（1）合作社发展是典型的能人带动型。合作社理事长马炎龙是种植非洲菊（扶郎花）的行家里手。

（2）强化示范引导。合作社建立了 200 亩生产基地，用现代化的设施、先进栽培工艺、优良的品种彻底改变传统的种植方法，用事实教育社员、农户，使他们深受启发，确立科学先进的种植理念。

（3）建立健全销售服务体系。合作社建有 300 平方米的鲜花收购、分级包装车间与 200 平方米的大棚，作为固定的集散中心，为成员与花农提供服务。合作社购置 4 辆面包车，把收集的鲜花分级包装后运往市区鲜花市场，按当天的市场成交价分销给各大客户。建立市场信息反馈制度，利用信息化网络及时通报行情，为社员掌握市场信息。采取应对措施，尽量避免行情波动造成经济损失。

（4）公平、透明的利益分配机制。每月与社员、花农结账 1 次，按社员当月交售数与等级对应每天执行价结账到户，合作社提留 5％，95％如数返还。5％提留款主要用于运输、经办人员等费用后再按公积金、公益金、风险金比例提留，余下部分按交售额作二次返还。

四、山东临沂市平邑县农业机械协会

1. 基本概况

临沂市平邑县农业机械协会成立于 2005 年 11 月 29 日，由平邑县农机办成立协会筹备领导小组牵头组建，已吸引农机运输专业户、农机大户、农田作业专业户 106 户入会，建有完善的《协会章程》《会员管理办法》《会员公约》等各类各项制度。农业机械化作为农业生产中的主力军，承担着 70% 以上的农业生产劳动量，并已延伸到农业生产的各个环节，在繁荣农村经济、发展农业生产、促进农民增收等方面发挥了不可替代的作用。但在提高农机作业组织化程度和规模效益，增强机手抵御市场风险能力，优化配置农业生产资金、技术、人才、劳动力等方面仍然显现不足，在发展壮大乡村集体经济和民营经济的服务中，层次较低，内部管理不规范、运行机制不灵活等问题还比较突出。各类农机从业人员、农机大户、农机技术专业人才和农机合作服务组织渴望政府及主管部门在组织化程度、管理、培训、指导、服务等方面给予支持和扶持。因此，临沂市平邑县农机协会的成立得到了广大农机大户的积极响应和支持。

2. 主要特点和经验

（1）协会发展是典型的事业单位牵头型，由平邑县农机办主任任理事长。

（2）注重吸收先进地区的先进经验。协会筹备领导小组按照"政策引导、因地制宜，多元创办、市场运作"的基本思路积极开展工作，并于 2005 年 10 月初到德州市临邑县考察学习先进经验。

（3）对本地区的农机大户进行摸底。首先，由农机管理站对16 个乡镇的农机从业人员、农机大户、进行了调查摸底；其次，对县城驻地及各乡镇驻地的销售农机网点进行了排查；最后，对全县农机运输专业户、农机大户、农田作业专业户进行了排查。通过摸底为下一步分行业类别成立分会打下基础。

五、江苏省大丰市金鹿渔业合作社

1. 基本概况

金鹿渔业合作社地处大丰海洋开发区王港闸南侧。由 16 位水产养殖、营销大户和丰环饲料王港分公司发起成立，2005年3月在工商部门注册登记，注册资金50万元。合作社现有成员67人，拥有3.3万亩的精养水面、年产15万吨的饲料厂以及生物制剂厂、鱼药门市部和水产品销售公司等3个实体。合作社总资产5100万元，其中，固定资产1440万元，净资产3400万元。2006年，合作社销售收入1.2亿元，其中饲料销售5000万元，水产品销售7000万元，实现利润总额856万元。2007年合作社实现销售收入1.5亿元，盈利超过1000万元。

2. 主要特点和经验

（1）合作社发展是典型的企业带动型，主要以饲料厂为龙头进行带动。

（2）创新融资方式。合作社实行统一融资、统一种苗、统一饲料、统一用药、统一商标、统一销售的"六统一"服务。统一融资，就是合作社根据全年生产经营计划，各塘口申报资金缺口，由合作社以联保方式向金融部门统一办理贷款，实行统一调度使用。2006年，合作社以联保形式贷款1610万元，有效缓解了生产过程中的资金制约。

（3）走品牌化经营之路。2006年合作社申请注册了"企丰"牌水产品商标，统一用于合作社的各类水产品，并实施了无公害农产品和绿色食品的申报认定。2006年6月，部分精养鱼塘通过了无公害产地产品认证。

六、宁夏回族自治区中宁县富民枸杞合作社

1. 基本概况

中宁县是中国枸杞之乡，是宁夏回族自治区枸杞产业发展的核心示范区，枸杞是中宁县的主导产业。2001年中宁枸杞产业的发展遇到前所未有的困难，枸杞卖不出去，市场积压5000吨，价格降到4元/千克，导致农民损失惨重，1/3的农民改种其他作物。事件发生后，县农经管理部门高度重视，为解决好中

宁枸杞发展的根本问题，抓住自治区试点示范合作社的有利契机，决定在枸杞流通环节上引导成立合作社，于是组织龙头企业早康公司和营销大户于 2002 年 3 月 20 日成立中宁县富民枸杞合作社。合作社现有社员 428 名，其中流通领域有社员 115 名，种植社员 313 人，合作社的社员年经销和加工枸杞的能力都在 50 吨以上，其中年营销加工枸杞产品在 1 000 吨以上的企业有 4 家，年经销和加工枸杞在 100 吨以上的企业和营销户有 44 家，已形成了"公司＋合作社＋农户"的运行机制，是典型的中介经纪组织。2006 年，合作社实现枸杞销售 1.5 万吨，占全县产量的 2/3。产品占领全国 230 多个大中城市，并出口到 10 多个国家和地区，合作社的发展促进了中宁县枸杞栽植面积进一步扩大，2006 年全县栽植面积达到 13 万亩，比 2006 年增加了近 1 倍。

2. 主要特点和经验

（1）合作社发展是典型的政府牵头型，由县农经管理部门牵头，组织加工企业和营销大户按"民办、民管、民受益"的宗旨组成，农业管理部门只指导，不干涉；只扶持，不索取。

（2）强化七大服务功能。一是细化目标市场，帮助社员确定主攻方向；二是把企业、合作社和农民联结为一个利益共同体；三是提供信息服务；四是协调担保贷款；五是组织科技培训；六是组织农产品加工；七是组织市场营销。

（3）加强枸杞生产车间的技术改造。合作社积极引进国内外先进技术，全面改造枸杞生产车间，严格按照国际市场标准组织生产，指导企业先后引进日本过热式枸杞烘干道、美国枸杞色选机和国产枸杞色选机，既解决了茨农的晾晒困难，又防止了枸杞的二次污染，大大提升了枸杞品质，为迅速占领国际市场打下了坚实基础。

（4）加强基地建设。富民枸杞合作社紧盯国际、国内市场变化，引导有条件的社员企业，特别是出口企业建设自己的枸杞生产基地。2005 年，以舟塔乡的万亩枸杞园为基地，以每亩补助 10 元的方式，对实行病虫害统一防治的农户让利 10 多万元。2006 年，以每亩为农民让利 20 元的形式，建立出口型基地 1 100 亩。2007 年，以无偿提供优质苗木方式，开始建设 5 800 亩有机枸杞生产基地，基地实行统一栽培模式、统一品种、统一管理、统一技术培训、统一病虫害防治和统一微耕机地面除草、统一产品收购，逐步实现了生产标准化、质量可控制化、果实交售鲜果化、制干机械化，使企业、合作社、农民形成利益共同体，社员企业收到了符合国际标准的枸杞产品，保证了企业加工原料的稳定供应。

附录 1

农民专业合作社相关政策法规

中华人民共和国农民专业合作社法

2017 年 12 月 27 日，由中华人民共和国第十二届全国人民代表常务委员会第三十一次会议修订通过。2018 年 7 月 1 日起实行。

第一章 总 则

第一条 为了规范农民专业合作社的组织和行为，鼓励、支持、引导农民专业合作社的发展，保护农民专业合作社及其成员的合法权益，推进农业农村现代化，制定本法。

第二条 本法所称农民专业合作社，是指在农村家庭承包经营基础上，农产品的生产经营者或者农业生产经营服务的提供者、利用者，自愿联合、民主管理的互助性经济组织。

第三条 农民专业合作社以其成员为主要服务对象，开展以下一种或者多种业务：

（一）农业生产资料的购买、使用；

（二）农产品的生产、销售、加工、运输、贮藏及其他相关服务；

（三）农村民间工艺及制品、休闲农业和乡村旅游资源的开发经营等；

（四）与农业生产经营有关的技术、信息、设施建设运营等服务。

第四条 农民专业合作社应当遵循下列原则：

（一）成员以农民为主体；

（二）以服务成员为宗旨，谋求全体成员的共同利益；

（三）入社自愿、退社自由；

（四）成员地位平等，实行民主管理；

（五）盈余主要按照成员与农民专业合作社的交易量（额）比例返还。

第五条　农民专业合作社依照本法登记，取得法人资格。

农民专业合作社对由成员出资、公积金、国家财政直接补助、他人捐赠以及合法取得的其他资产所形成的财产，享有占有、使用和处分的权利，并以上述财产对债务承担责任。

第六条　农民专业合作社成员以其账户内记载的出资额和公积金份额为限对农民专业合作社承担责任。

第七条　国家保障农民专业合作社享有与其他市场主体平等的法律地位。

国家保护农民专业合作社及其成员的合法权益，任何单位和个人不得侵犯。

第八条　农民专业合作社从事生产经营活动，应当遵守法律，遵守社会公德、商业道德，诚实守信，不得从事与章程规定无关的活动。

第九条　农民专业合作社为扩大生产经营和服务的规模，发展产业化经营，提高市场竞争力，可以依法自愿设立或者加入农民专业合作社联合社。

第十条　国家通过财政支持、税收优惠和金融、科技、人才的扶持以及产业政策引导等措施，促进农民专业合作社的发展。

国家鼓励和支持公民、法人和其他组织为农民专业合作社提供帮助和服务。

对发展农民专业合作社事业做出突出贡献的单位和个人，按照国家有关规定予以表彰和奖励。

第十一条　县级以上人民政府应当建立农民专业合作社工作的综合协调机制，统筹指导、协调、推动农民专业合作社的建设和发展。

县级以上人民政府农业主管部门、其他有关部门和组织应当依据各自职责,对农民专业合作社的建设和发展给予指导、扶持和服务。

第二章 设立和登记

第十二条 设立农民专业合作社,应当具备下列条件:

(一)有五名以上符合本法第十九条、第二十条规定的成员;

(二)有符合本法规定的章程;

(三)有符合本法规定的组织机构;

(四)有符合法律、行政法规规定的名称和章程确定的住所;

(五)有符合章程规定的成员出资。

第十三条 农民专业合作社成员可以用货币出资,也可以用实物、知识产权、土地经营权、林权等可以用货币估价并可以依法转让的非货币财产,以及章程规定的其他方式作价出资;但是,法律、行政法规规定不得作为出资的财产除外。

农民专业合作社成员不得以对该社或者其他成员的债权,充抵出资;不得以缴纳的出资,抵销对该社或者其他成员的债务。

第十四条 设立农民专业合作社,应当召开由全体设立人参加的设立大会。设立时自愿成为该社成员的人为设立人。

设立大会行使下列职权:

(一)通过本社章程,章程应当由全体设立人一致通过;

(二)选举产生理事长、理事、执行监事或者监事会成员;

(三)审议其他重大事项。

第十五条 农民专业合作社章程应当载明下列事项:

(一)名称和住所;

(二)业务范围;

(三)成员资格及入社、退社和除名;

(四)成员的权利和义务;

(五)组织机构及其产生办法、职权、任期、议事规则;

（六）成员的出资方式、出资额，成员出资的转让、继承、担保；

（七）财务管理和盈余分配、亏损处理；

（八）章程修改程序；

（九）解散事由和清算办法；

（十）公告事项及发布方式；

（十一）附加表决权的设立、行使方式和行使范围；

（十二）需要载明的其他事项。

第十六条　设立农民专业合作社，应当向工商行政管理部门提交下列文件，申请设立登记：

（一）登记申请书；

（二）全体设立人签名、盖章的设立大会纪要；

（三）全体设立人签名、盖章的章程；

（四）法定代表人、理事的任职文件及身份证明；

（五）出资成员签名、盖章的出资清单；

（六）住所使用证明；

（七）法律、行政法规规定的其他文件。

登记机关应当自受理登记申请之日起二十日内办理完毕，向符合登记条件的申请者颁发营业执照，登记类型为农民专业合作社。

农民专业合作社法定登记事项变更的，应当申请变更登记。

登记机关应当将农民专业合作社的登记信息通报同级农业等有关部门。

农民专业合作社登记办法由国务院规定。办理登记不得收取费用。

第十七条　农民专业合作社应当按照国家有关规定，向登记机关报送年度报告，并向社会公示。

第十八条　农民专业合作社可以依法向公司等企业投资，以其出资额为限对所投资企业承担责任。

第三章　成　　员

　　第十九条　具有民事行为能力的公民，以及从事与农民专业合作社业务直接有关的生产经营活动的企业、事业单位或者社会组织，能够利用农民专业合作社提供的服务，承认并遵守农民专业合作社章程，履行章程规定的入社手续的，可以成为农民专业合作社的成员。但是，具有管理公共事务职能的单位不得加入农民专业合作社。

　　农民专业合作社应当置备成员名册，并报登记机关。

　　第二十条　农民专业合作社的成员中，农民至少应当占成员总数的百分之八十。

　　成员总数二十人以下的，可以有一个企业、事业单位或者社会组织成员；成员总数超过二十人的，企业、事业单位和社会组织成员不得超过成员总数的百分之五。

　　第二十一条　农民专业合作社成员享有下列权利：

　　（一）参加成员大会，并享有表决权、选举权和被选举权，按照章程规定对本社实行民主管理；

　　（二）利用本社提供的服务和生产经营设施；

　　（三）按照章程规定或者成员大会决议分享盈余；

　　（四）查阅本社的章程、成员名册、成员大会或者成员代表大会记录、理事会会议决议、监事会会议决议、财务会计报告、会计账簿和财务审计报告；

　　（五）章程规定的其他权利。

　　第二十二条　农民专业合作社成员大会选举和表决，实行一人一票制，成员各享有一票的基本表决权。

　　出资额或者与本社交易量（额）较大的成员按照章程规定，可以享有附加表决权。本社的附加表决权总票数，不得超过本社成员基本表决权总票数的百分之二十。享有附加表决权的成员及其享有的附加表决权数，应当在每次成员大会召开时告知出席会议的全体成员。

第二十三条　农民专业合作社成员承担下列义务：

（一）执行成员大会、成员代表大会和理事会的决议；

（二）按照章程规定向本社出资；

（三）按照章程规定与本社进行交易；

（四）按照章程规定承担亏损；

（五）章程规定的其他义务。

第二十四条　符合本法第十九条、第二十条规定的公民、企业、事业单位或者社会组织，要求加入已成立的农民专业合作社，应当向理事长或者理事会提出书面申请，经成员大会或者成员代表大会表决通过后，成为本社成员。

第二十五条　农民专业合作社成员要求退社的，应当在会计年度终了的三个月前向理事长或者理事会提出书面申请；其中，企业、事业单位或者社会组织成员退社，应当在会计年度终了的六个月前提出；章程另有规定的，从其规定。退社成员的成员资格自会计年度终了时终止。

第二十六条　农民专业合作社成员不遵守农民专业合作社的章程、成员大会或者成员代表大会的决议，或者严重危害其他成员及农民专业合作社利益的，可以予以除名。

成员的除名，应当经成员大会或者成员代表大会表决通过。

在实施前款规定时，应当为该成员提供陈述意见的机会。

被除名成员的成员资格自会计年度终了时终止。

第二十七条　成员在其资格终止前与农民专业合作社已订立的合同，应当继续履行；章程另有规定或者与本社另有约定的除外。

第二十八条　成员资格终止的，农民专业合作社应当按照章程规定的方式和期限，退还记载在该成员账户内的出资额和公积金份额；对成员资格终止前的可分配盈余，依照本法第四十四条的规定向其返还。

资格终止的成员应当按照章程规定分摊资格终止前本社的亏损及债务。

第四章 组织机构

第二十九条 农民专业合作社成员大会由全体成员组成，是本社的权力机构，行使下列职权：

（一）修改章程；

（二）选举和罢免理事长、理事、执行监事或者监事会成员；

（三）决定重大财产处置、对外投资、对外担保和生产经营活动中的其他重大事项；

（四）批准年度业务报告、盈余分配方案、亏损处理方案；

（五）对合并、分立、解散、清算，以及设立、加入联合社等作出决议；

（六）决定聘用经营管理人员和专业技术人员的数量、资格和任期；

（七）听取理事长或者理事会关于成员变动情况的报告，对成员的入社、除名等作出决议；

（八）公积金的提取及使用；

（九）章程规定的其他职权。

第三十条 农民专业合作社召开成员大会，出席人数应当达到成员总数三分之二以上。

成员大会选举或者作出决议，应当由本社成员表决权总数过半数通过；作出修改章程或者合并、分立、解散，以及设立、加入联合社的决议应当由本社成员表决权总数的三分之二以上通过。章程对表决权数有较高规定的，从其规定。

第三十一条 农民专业合作社成员大会每年至少召开一次，会议的召集由章程规定。有下列情形之一的，应当在二十日内召开临时成员大会：

（一）百分之三十以上的成员提议；

（二）执行监事或者监事会提议；

（三）章程规定的其他情形。

第三十二条　农民专业合作社成员超过一百五十人的，可以按照章程规定设立成员代表大会。成员代表大会按照章程规定可以行使成员大会的部分或者全部职权。

依法设立成员代表大会的，成员代表人数一般为成员总人数的百分之十，最低人数为五十一人。

第三十三条　农民专业合作社设理事长一名，可以设理事会。理事长为本社的法定代表人。

农民专业合作社可以设执行监事或者监事会。理事长、理事、经理和财务会计人员不得兼任监事。

理事长、理事、执行监事或者监事会成员，由成员大会从本社成员中选举产生，依照本法和章程的规定行使职权，对成员大会负责。

理事会会议、监事会会议的表决，实行一人一票。

第三十四条　农民专业合作社的成员大会、成员代表大会、理事会、监事会，应当将所议事项的决定作成会议记录，出席会议的成员、成员代表、理事、监事应当在会议记录上签名。

第三十五条　农民专业合作社的理事长或者理事会可以按照成员大会的决定聘任经理和财务会计人员，理事长或者理事可以兼任经理。经理按照章程规定或者理事会的决定，可以聘任其他人员。

经理按照章程规定和理事长或者理事会授权，负责具体生产经营活动。

第三十六条　农民专业合作社的理事长、理事和管理人员不得有下列行为：

（一）侵占、挪用或者私分本社资产；

（二）违反章程规定或者未经成员大会同意，将本社资金借贷给他人或者以本社资产为他人提供担保；

（三）接受他人与本社交易的佣金归为己有；

（四）从事损害本社经济利益的其他活动。

理事长、理事和管理人员违反前款规定所得的收入，应当归本社所有；给本社造成损失的，应当承担赔偿责任。

第三十七条 农民专业合作社的理事长、理事、经理不得兼任业务性质相同的其他农民专业合作社的理事长、理事、监事、经理。

第三十八条 执行与农民专业合作社业务有关公务的人员，不得担任农民专业合作社的理事长、理事、监事、经理或者财务会计人员。

第五章 财务管理

第三十九条 农民专业合作社应当按照国务院财政部门制定的财务会计制度进行财务管理和会计核算。

第四十条 农民专业合作社的理事长或者理事会应当按照章程规定，组织编制年度业务报告、盈余分配方案、亏损处理方案以及财务会计报告，于成员大会召开的十五日前，置备于办公地点，供成员查阅。

第四十一条 农民专业合作社与其成员的交易、与利用其提供的服务的非成员的交易，应当分别核算。

第四十二条 农民专业合作社可以按照章程规定或者成员大会决议从当年盈余中提取公积金。公积金用于弥补亏损、扩大生产经营或者转为成员出资。

每年提取的公积金按照章程规定量化为每个成员的份额。

第四十三条 农民专业合作社应当为每个成员设立成员账户，主要记载下列内容：

（一）该成员的出资额；

（二）量化为该成员的公积金份额；

（三）该成员与本社的交易量（额）。

第四十四条　在弥补亏损、提取公积金后的当年盈余，为农民专业合作社的可分配盈余。可分配盈余主要按照成员与本社的交易量（额）比例返还。

可分配盈余按成员与本社的交易量（额）比例返还的返还总额不得低于可分配盈余的百分之六十；返还后的剩余部分，以成员账户中记载的出资额和公积金份额，以及本社接受国家财政直接补助和他人捐赠形成的财产平均量化到成员的份额，按比例分配给本社成员。

经成员大会或者成员代表大会表决同意，可以将全部或者部分可分配盈余转为对农民专业合作社的出资，并记载在成员账户中。

具体分配办法按照章程规定或者经成员大会决议确定。

第四十五条　设立执行监事或者监事会的农民专业合作社，由执行监事或者监事会负责对本社的财务进行内部审计，审计结果应当向成员大会报告。

成员大会也可以委托社会中介机构对本社的财务进行审计。

第六章　合并、分立、解散和清算

第四十六条　农民专业合作社合并，应当自合并决议作出之日起十日内通知债权人。合并各方的债权、债务应当由合并后存续或者新设的组织承继。

第四十七条　农民专业合作社分立，其财产作相应的分割，并应当自分立决议作出之日起十日内通知债权人。分立前的债务由分立后的组织承担连带责任。但是，在分立前与债权人就债务清偿达成的书面协议另有约定的除外。

第四十八条　农民专业合作社因下列原因解散：

（一）章程规定的解散事由出现；

（二）成员大会决议解散；

（三）因合并或者分立需要解散；

（四）依法被吊销营业执照或者被撤销。

因前款第一项、第二项、第四项原因解散的，应当在解散事由出现之日起十五日内由成员大会推举成员组成清算组，开始解散清算。逾期不能组成清算组的，成员、债权人可以向人民法院申请指定成员组成清算组进行清算，人民法院应当受理该申请，并及时指定成员组成清算组进行清算。

第四十九条　清算组自成立之日起接管农民专业合作社，负责处理与清算有关未了结业务，清理财产和债权、债务，分配清偿债务后的剩余财产，代表农民专业合作社参与诉讼、仲裁或者其他法律程序，并在清算结束时办理注销登记。

第五十条　清算组应当自成立之日起十日内通知农民专业合作社成员和债权人，并于六十日内在报纸上公告。债权人应当自接到通知之日起三十日内，未接到通知的自公告之日起四十五日内，向清算组申报债权。如果在规定期间内全部成员、债权人均已收到通知，免除清算组的公告义务。

债权人申报债权，应当说明债权的有关事项，并提供证明材料。清算组应当对债权进行审查、登记。

在申报债权期间，清算组不得对债权人进行清偿。

第五十一条　农民专业合作社因本法第四十八条第一款的原因解散，或者人民法院受理破产申请时，不能办理成员退社手续。

第五十二条　清算组负责制定包括清偿农民专业合作社员工的工资及社会保险费用，清偿所欠税款和其他各项债务，以及分配剩余财产在内的清算方案，经成员大会通过或者申请人民法院确认后实施。

清算组发现农民专业合作社的财产不足以清偿债务的，应当依法向人民法院申请破产。

第五十三条　农民专业合作社接受国家财政直接补助形成的

财产，在解散、破产清算时，不得作为可分配剩余资产分配给成员，具体按照国务院财政部门有关规定执行。

第五十四条　清算组成员应当忠于职守，依法履行清算义务，因故意或者重大过失给农民专业合作社成员及债权人造成损失的，应当承担赔偿责任。

第五十五条　农民专业合作社破产适用企业破产法的有关规定。但是，破产财产在清偿破产费用和共益债务后，应当优先清偿破产前与农民成员已发生交易但尚未结清的款项。

第七章　农民专业合作社联合社

第五十六条　三个以上的农民专业合作社在自愿的基础上，可以出资设立农民专业合作社联合社。

农民专业合作社联合社应当有自己的名称、组织机构和住所，由联合社全体成员制定并承认的章程，以及符合章程规定的成员出资。

第五十七条　农民专业合作社联合社依照本法登记，取得法人资格，领取营业执照，登记类型为农民专业合作社联合社。

第五十八条　农民专业合作社联合社以其全部财产对该社的债务承担责任；农民专业合作社联合社的成员以其出资额为限对农民专业合作社联合社承担责任。

第五十九条　农民专业合作社联合社应当设立由全体成员参加的成员大会，其职权包括修改农民专业合作社联合社章程，选举和罢免农民专业合作社联合社理事长、理事和监事，决定农民专业合作社联合社的经营方案及盈余分配，决定对外投资和担保方案等重大事项。

农民专业合作社联合社不设成员代表大会，可以根据需要设立理事会、监事会或者执行监事。理事长、理事应当由成员社选派的人员担任。

第六十条　农民专业合作社联合社的成员大会选举和表决，

实行一社一票。

第六十一条　农民专业合作社联合社可分配盈余的分配办法，按照本法规定的原则由农民专业合作社联合社章程规定。

第六十二条　农民专业合作社联合社成员退社，应当在会计年度终了的六个月前以书面形式向理事会提出。退社成员的成员资格自会计年度终了时终止。

第六十三条　本章对农民专业合作社联合社没有规定的，适用本法关于农民专业合作社的规定。

第八章　扶持措施

第六十四条　国家支持发展农业和农村经济的建设项目，可以委托和安排有条件的农民专业合作社实施。

第六十五条　中央和地方财政应当分别安排资金，支持农民专业合作社开展信息、培训、农产品标准与认证、农业生产基础设施建设、市场营销和技术推广等服务。国家对革命老区、民族地区、边疆地区和贫困地区的农民专业合作社给予优先扶助。

县级以上人民政府有关部门应当依法加强对财政补助资金使用情况的监督。

第六十六条　国家政策性金融机构应当采取多种形式，为农民专业合作社提供多渠道的资金支持。具体支持政策由国务院规定。

国家鼓励商业性金融机构采取多种形式，为农民专业合作社及其成员提供金融服务。

国家鼓励保险机构为农民专业合作社提供多种形式的农业保险服务。鼓励农民专业合作社依法开展互助保险。

第六十七条　农民专业合作社享受国家规定的对农业生产、加工、流通、服务和其他涉农经济活动相应的税收优惠。

第六十八条　农民专业合作社从事农产品初加工用电执行农业生产用电价格，农民专业合作社生产性配套辅助设施用地按农用地管理，具体办法由国务院有关部门规定。

第九章　法律责任

第六十九条　侵占、挪用、截留、私分或者以其他方式侵犯农民专业合作社及其成员的合法财产，非法干预农民专业合作社及其成员的生产经营活动，向农民专业合作社及其成员摊派，强迫农民专业合作社及其成员接受有偿服务，造成农民专业合作社经济损失的，依法追究法律责任。

第七十条　农民专业合作社向登记机关提供虚假登记材料或者采取其他欺诈手段取得登记的，由登记机关责令改正，可以处五千元以下罚款；情节严重的，撤销登记或者吊销营业执照。

第七十一条　农民专业合作社连续两年未从事经营活动的，吊销其营业执照。

第七十二条　农民专业合作社在依法向有关主管部门提供的财务报告等材料中，作虚假记载或者隐瞒重要事实的，依法追究法律责任。

第十章　附　　则

第七十三条　国有农场、林场、牧场、渔场等企业中实行承包租赁经营、从事农业生产经营或者服务的职工，兴办农民专业合作社适用本法。

第七十四条　本法自 2018 年 7 月 1 日起施行。

附录 2

最新修订的农民专业合作社登记管理条例

2007 年 5 月 28 日第 498 号国务院令公布

2014 年 2 月 19 日《国务院关于废止和修改部分行政法规的决定》修订

第一章　总　　则

第一条　为了确认农民专业合作社的法人资格，规范农民专业合作社登记行为，依据《中华人民共和国农民专业合作社法》，制定本条例。

第二条　农民专业合作社的设立、变更和注销，应当依照《中华人民共和国农民专业合作社法》和本条例的规定办理登记。

申请办理农民专业合作社登记，申请人应当对申请材料的真实性负责。

第三条　农民专业合作社经登记机关依法登记，领取农民专业合作社法人营业执照（以下简称营业执照），取得法人资格。未经依法登记，不得以农民专业合作社名义从事经营活动。

第四条　工商行政管理部门是农民专业合作社登记机关。国务院工商行政管理部门负责全国的农民专业合作社登记管理工作。

农民专业合作社由所在地的县（市）、区工商行政管理部门登记。

国务院工商行政管理部门可以对规模较大或者跨地区的农民专业合作社的登记管辖做出特别规定。

第二章　登记事项

第五条　农民专业合作社的登记事项包括：

（一）名称；

（二）住所；

（三）成员出资总额；

（四）业务范围；

（五）法定代表人姓名。

第六条　农民专业合作社的名称应当含有"专业合作社"字样，并符合国家有关企业名称登记管理的规定。

第七条　农民专业合作社的住所是其主要办事机构所在地。

第八条　农民专业合作社成员可以用货币出资，也可以用实物、知识产权等能够用货币估价并可以依法转让的非货币财产作价出资。成员以非货币财产出资的，由全体成员评估作价。成员不得以劳务、信用、自然人姓名、商誉、特许经营权或者设定担保的财产等作价出资。

成员的出资额以及出资总额应当以人民币表示。成员出资额之和为成员出资总额。

第九条　农民专业合作社以其成员为主要服务对象，业务范围可以有农业生产资料购买，农产品销售、加工、运输、贮藏以及与农业生产经营有关的技术、信息等服务。

农民专业合作社的业务范围由其章程规定。

第十条　农民专业合作社理事长为农民专业合作社的法定代表人。

第三章　设立登记

第十一条　申请设立农民专业合作社，应当由全体设立人指定的代表或者委托的代理人向登记机关提交下列文件：

（一）设立登记申请书；

（二）全体设立人签名、盖章的设立大会纪要；

（三）全体设立人签名、盖章的章程；

（四）法定代表人、理事的任职文件和身份证明；

（五）载明成员的姓名或者名称、出资方式、出资额以及成员出资总额，并经全体出资成员签名、盖章予以确认的出资清单；

（六）载明成员的姓名或者名称、公民身份号码或者登记证书号码和住所的成员名册，以及成员身份证明；

（七）能够证明农民专业合作社对其住所享有使用权的住所使用证明；

（八）全体设立人指定代表或者委托代理人的证明。

农民专业合作社的业务范围有属于法律、行政法规或者国务院规定在登记前须经批准的项目的，应当提交有关批准文件。

第十二条　农民专业合作社章程含有违反《中华人民共和国农民专业合作社法》以及有关法律、行政法规规定的内容的，登记机关应当要求农民专业合作社做相应修改。

第十三条　具有民事行为能力的公民，以及从事与农民专业合作社业务直接有关的生产经营活动的企业、事业单位或者社会团体，能够利用农民专业合作社提供的服务，承认并遵守农民专业合作社章程，履行章程规定的入社手续的，可以成为农民专业合作社的成员。但是，具有管理公共事务职能的单位不得加入农民专业合作社。

第十四条　农民专业合作社应当有 5 名以上的成员，其中农民至少应当占成员总数的 80%。

成员总数 20 人以下的，可以有 1 个企业、事业单位或者社会团体成员；成员总数超过 20 人的，企业、事业单位和社会团体成员不得超过成员总数的 5%。

第十五条　农民专业合作社的成员为农民的，成员身份证明为农业人口户口簿；无农业人口户口簿的，成员身份证明为居民身份证和土地承包经营权证或者村民委员会（居民委员会）出具的身份证明。

农民专业合作社的成员不属于农民的，成员身份证明为居民身份证。

农民专业合作社的成员为企业、事业单位或者社会团体的，成员身份证明为企业法人营业执照或者其他登记证书。

第十六条　申请人提交的登记申请材料齐全、符合法定形式，登记机关能够当场登记的，应予当场登记，发给营业执照。

除前款规定情形外，登记机关应当自受理申请之日起 20 日内，做出是否登记的决定。予以登记的，发给营业执照；不予登记的，应当给予书面答复，并说明理由。

营业执照签发日期为农民专业合作社成立日期。

第十七条　营业执照分为正本和副本，正本和副本具有同等法律效力。

营业执照正本应当置于农民专业合作社住所的醒目位置。

国家推行电子营业执照。电子营业执照与纸质营业执照具有同等法律效力。

第十八条　营业执照遗失或者毁坏的，农民专业合作社应当申请补领。

任何单位和个人不得伪造、变造、出租、出借、转让营业执照。

第十九条　农民专业合作社的登记文书格式，营业执照的正本、副本样式以及电子营业执照标准，由国务院工商行政管理部门制定。

第四章　变更登记和注销登记

第二十条　农民专业合作社的名称、住所、成员出资总额、业务范围、法定代表人姓名发生变更的，应当自做出变更决定之日起 30 日内向原登记机关申请变更登记，并提交下列文件：

（一）法定代表人签署的变更登记申请书；

（二）成员大会或者成员代表大会做出的变更决议；

（三）法定代表人签署的修改后的章程或者章程修正案；

（四）法定代表人指定代表或者委托代理人的证明。

第二十一条　农民专业合作社变更业务范围涉及法律、行政法规或者国务院规定须经批准的项目的，应当自批准之日起 30 日内申请变更登记，并提交有关批准文件。

农民专业合作社的业务范围属于法律、行政法规或者国务院规定在登记前须经批准的项目有下列情形之一的，应当自事由发生之日起 30 日内申请变更登记或者依照本条例的规定办理注销登记：

（一）许可证或者其他批准文件被吊销、撤销的；

（二）许可证或者其他批准文件有效期届满的。

第二十二条　农民专业合作社成员发生变更的，应当自本财务年度终了之日起 30 日内，将法定代表人签署的修改后的成员名册报送登记机关备案。其中，新成员入社的还应当提交新成员的身份证明。

农民专业合作社因成员发生变更，使农民成员低于法定比例的，应当自事由发生之日起 6 个月内采取吸收新的农民成员入社等方式使农民成员达到法定比例。

第二十三条　农民专业合作社修改章程未涉及登记事项的，应当自做出修改决定之日起 30 日内，将法定代表人签署的修改后的章程或者章程修正案报送登记机关备案。

第二十四条　变更登记事项涉及营业执照变更的，登记机关应当换发营业执照。

第二十五条　成立清算组的农民专业合作社应当自清算结束之日起 30 日内，由清算组全体成员指定的代表或者委托的代理人向原登记机关申请注销登记，并提交下列文件：

（一）清算组负责人签署的注销登记申请书；

（二）农民专业合作社依法做出的解散决议，农民专业合作社依法被吊销营业执照或者被撤销的文件，人民法院的破产裁定、解散裁判文书；

（三）成员大会、成员代表大会或者人民法院确认的清算报告；

（四）营业执照；

（五）清算组全体成员指定代表或者委托代理人的证明。

因合并、分立而解散的农民专业合作社，应当自做出解散决议之日起 30 日内，向原登记机关申请注销登记，并提交法定代表人签署的注销登记申请书、成员大会或者成员代表大会做出的解散决议以及债务清偿或者债务担保情况的说明、营业执照和法定代表人指定代表或者委托代理人的证明。

经登记机关注销登记，农民专业合作社终止。

第五章　法律责任

第二十六条　提交虚假材料或者采取其他欺诈手段取得农民专业合作社登记的，由登记机关责令改正；情节严重的，撤销农民专业合作社登记。

第二十七条　农民专业合作社有下列行为之一的，由登记机关责令改正；情节严重的，吊销营业执照：

（一）登记事项发生变更，未申请变更登记的；

（二）因成员发生变更，使农民成员低于法定比例满 6 个月的；

（三）从事业务范围以外的经营活动的；

（四）变造、出租、出借、转让营业执照的。

第二十八条　农民专业合作社有下列行为之一的，由登记机关责令改正：

（一）未依法将修改后的成员名册报送登记机关备案的；

（二）未依法将修改后的章程或者章程修正案报送登记机关备案的。

第二十九条　登记机关对不符合规定条件的农民专业合作社登记申请予以登记，或者对符合规定条件的登记申请不予登记的，对直接负责的主管人员和其他直接责任人员，依法给予处分。

第六章　附　　则

第三十条农民专业合作社可以设立分支机构，并比照本条例有关农民专业合作社登记的规定，向分支机构所在地登记机关申请办理登记。农民专业合作社分支机构不具有法人资格。

农民专业合作社分支机构有违法行为的，适用本条例的规定进行处罚。

第三十一条　登记机关办理农民专业合作社登记不得收费。

第三十二条　建立农民专业合作社年度报告制度。农民专业合作社年度报告办法由国务院工商行政管理部门制定。

第三十三条　本条例施行前设立的农民专业合作社，应当自本条例施行之日起1年内依法办理登记。

第三十四条　本条例自2007年7月1日起施行。

附录3

农民专业合作社示范章程

第一章 总 则

第一条 为保护成员的合法权益，增加成员收入，促进本社发展，依照《中华人民共和国农民专业合作社法》和有关法律、法规、政策，制定本章程。

第二条 本社由【注：全部发起人姓名或名称】等_____人发起，于____年____月____日召开设立大会。

本社名称：____合作社，成员出资总额____元。

本社法定代表人：_____【注：理事长姓名】。

本社住所：_____，邮政编码：_____。

第三条 本社以服务成员、谋求全体成员的共同利益为宗旨。成员入社自愿，退社自由，地位平等，民主管理，实行自主经营，自负盈亏，利益共享，风险共担，盈余主要按照成员与本社的交易量（额）比例返还。

第四条 本社以成员为主要服务对象，依法为成员提供农业生产资料的购买，农产品的销售、加工、运输、贮藏以及与农业生产经营有关的技术、信息等服务。主要业务范围如下：【注：根据实际情况填写。如：

（一）组织采购、供应成员所需的生产资料；

（二）组织收购、销售成员生产的产品；

（三）开展成员所需的运输、贮藏、加工、包装等服务；

（四）引进新技术、新品种，开展技术培训、技术交流和咨询服务；……等。

上述内容应与工商行政管理部门颁发的《农民专业合作社法人营业执照》中规定的主要业务内容相符。】

第五条　本社对由成员出资、公积金、国家财政直接补助、他人捐赠以及合法取得的其他资产所形成的财产，享有占有、使用和处分的权利，并以上述财产对债务承担责任。

第六条　本社每年提取的公积金，按照成员与本社业务交易量（额）【注：或者出资额，也可以二者相结合】依比例量化为每个成员所有的份额。由国家财政直接补助和他人捐赠形成的财产平均量化为每个成员的份额，作为可分配盈余分配的依据之一。

本社为每个成员设立个人账户，主要记载该成员的出资额、量化为该成员的公积金份额以及该成员与本社的业务交易量（额）。

本社成员以其个人账户内记载的出资额和公积金份额为限对本社承担责任。

第七条　经成员大会讨论通过，本社投资兴办与本社业务内容相关的经济实体；接受与本社业务有关的单位委托，办理代购代销等中介服务；向政府有关部门申请或者接受政府有关部门委托，组织实施国家支持发展农业和农村经济的建设项目；按决定的数额和方式参加社会公益捐赠。【注：上述业务农民专业合作社可选择进行。】

第八条　本社及全体成员遵守社会公德和商业道德，依法开展生产经营活动。

第二章　成员

第九条　具有民事行为能力的公民，从事_____【注：业务范围内的主业农副产品名称】生产经营，能够利用并接受本社提供的服务，承认并遵守本章程，履行本章程规定的入社手续的，可申请成为本社成员。本社吸收从事与本社业务直接有关的生产经营活动的企业、事业单位或者社会团体为团体成员【注：农民专业合作社可以根据自身发展的实际情况决定是否吸收团体成员】。具有管理公共事务职能的单位不得加入本社。本社成员中，农民成员至少占成员总数的 80%。

【注：农民专业合作社章程还可以规定入社成员的其他条件，如：具有一定的生产经营规模或经营服务能力等。具体可表述为：养殖规模达到＿＿＿＿＿＿＿＿＿＿以上或者种植规模达到＿＿＿＿＿＿＿＿＿＿以上，等。】

第十条　凡符合前条规定，向本社理事会【注：或者理事长】提交书面入社申请，经成员大会【注：或者理事会】审核并讨论通过者，即成为本社成员。

第十一条　本社成员的权利：

（一）参加成员大会，并享有表决权、选举权和被选举权；

（二）利用本社提供的服务和生产经营设施；

（三）按照本章程规定或者成员大会决议分享本社盈余；

（四）查阅本社章程、成员名册、成员大会记录、理事会会议决议、监事会会议决议、财务会计报告和会计账簿；

（五）对本社的工作提出质询、批评和建议；

（六）提议召开临时成员大会；

（七）自由提出退社声明，依照本章程规定退出本社；

（八）成员共同议决的其他权利。【注：如不作具体规定此项可删除】

第十二条　本社成员大会选举和表决，实行一人一票制，成员各享有一票基本表决权。

出资额占本社成员出资总额百分之＿＿＿＿＿以上或者与本社业务交易量（额）占本社总交易量（额）百分之＿＿＿＿＿＿＿以上的成员，在本社＿＿＿＿＿＿等事项【注：如，重大财产处置、投资兴办经济实体、对外担保和生产经营活动中的其他事项】决策方面，最多享有＿＿＿＿＿＿票的附加表决权【注：附加表决权总票数，依法不得超过本社成员基本表决权总票数的 20%】。享有附加表决权的成员及其享有的附加表决权数，在每次成员大会召开时告知出席会议的成员。

第十三条　本社成员的义务：

（一）遵守本社章程和各项规章制度，执行成员大会和理事会的决议；

（二）按照章程规定向本社出资；

（三）积极参加本社各项业务活动，接受本社提供的技术指导，按照本社规定的质量标准和生产技术规程从事生产，履行与本社签订的业务合同，发扬互助协作精神，谋求共同发展；

（四）维护本社利益，爱护生产经营设施，保护本社成员共有财产；

（五）不从事损害本社成员共同利益的活动；

（六）不得以其对本社或者本社其他成员所拥有的债权，抵销已认购或已认购但尚未缴清的出资额；不得以已缴纳的出资额，抵销其对本社或者本社其他成员的债务；

（七）承担本社的亏损；

（八）成员共同议决的其他义务。【注：如不作具体规定此项可删除】

第十四条　成员有下列情形之一的，终止其成员资格：

（一）主动要求退社的；

（二）丧失民事行为能力的；

（三）死亡的；

（四）团体成员所属企业或组织破产、解散的；

（五）被本社除名的。

第十五条　成员要求退社的，须在会计年度终了的3个月前向理事会提出书面声明，方可办理退社手续；其中，团体成员退社的，须在会计年度终了的6个月前提出。退社成员的成员资格于该会计年度结束时终止。资格终止的成员须分摊资格终止前本社的亏损及债务。

成员资格终止的，在该会计年度决算后＿＿＿＿＿＿＿个月内

【注：不应超过 3 个月】，退还记载在该成员账户内的出资额和公积金份额。如本社经营盈余，按照本章程规定返还其相应的盈余所得；如经营亏损，扣除其应分摊的亏损金额。

成员在其资格终止前与本社已订立的业务合同应当继续履行【注：也可以依照退社时与本社的约定确定】。

第十六条　成员死亡的，其法定继承人符合法律及本章程规定的条件的，在_____个月内提出入社申请，经成员大会【注：或者理事会】讨论通过后办理入社手续，并承继被继承人与本社的债权债务。否则，按照第十五条的规定办理退社手续。

第十七条　成员有下列情形之一的，经成员大会【注：或者理事会】讨论通过予以除名：

（一）不履行成员义务，经教育无效的；

（二）给本社名誉或者利益带来严重损害的；

（三）成员共同议决的其他情形【注：如不作具体规定此项可删除】。

本社对被除名成员，退还记载在该成员账户内的出资额和公积金份额，结清其应承担的债务，返还其相应的盈余所得。因前款第二项被除名的，须对本社做出相应赔偿。

第三章　组织机构

第十八条　成员大会是本社的最高权力机构，由全体成员组成。

成员大会行使下列职权：

（一）审议、修改本社章程和各项规章制度；

（二）选举和罢免理事长、理事、执行监事或者监事会成员；

（三）决定成员入社、退社、继承、除名、奖励、处分等事项【注：如设立理事会此项可删除】；

（四）决定成员出资标准及增加或者减少出资；

（五）审议本社的发展规划和年度业务经营计划；

（六）审议批准年度财务预算和决算方案；

（七）审议批准年度盈余分配方案和亏损处理方案；

（八）审议批准理事会、执行监事或者监事会提交的年度业务报告；

（九）决定重大财产处置、对外投资、对外担保和生产经营活动中的其他重大事项；

（十）对合并、分立、解散、清算和对外联合等作出决议；

（十一）决定聘用经营管理人员和专业技术人员的数量、资格、报酬和任期；

（十二）听取理事长或者理事会关于成员变动情况的报告；

（十三）决定其他重大事项【注：如不作具体规定此项可删除】。

第十九条　本社成员超过 150 人时，每＿＿＿＿＿＿名成员选举产生 1 名成员代表，组成成员代表大会。成员代表大会履行成员大会的＿＿＿＿＿＿、＿＿＿＿＿＿等【注：部分或者全部】职权。成员代表任期年，可以连选连任。

【注：成员总数达到 150 人的农民专业合作社可以根据自身发展的实际情况决定是否设立成员代表大会。如不设立，此条可删除】

第二十条　本社每年召开＿＿＿＿＿＿次成员大会【注：至少于会计年度末召开 1 次成员大会。】成员大会由＿＿＿＿＿＿【注：理事长或者理事会】负责召集，并提前 15 日向全体成员通报会议内容。

第二十一条　有下列情形之一的，本社在 20 日内召开临时成员大会：

（一）30％以上的成员提议；

（二）执行监事或者监事会提议【注：如不设立执行监事或监事会，此项可删除】；

（三）理事会提议；

（四）成员共同议决的其他情形【注：如不作具体规定此项可删除】。

理事长【注：或者理事会】不能履行或者在规定期限内没有正当理由不履行职责召集临时成员大会的，执行监事或者监事会在_____日内召集并主持临时成员大会【注：如不设立执行监事或监事会，此款可删除】。

第二十二条　成员大会须有本社成员总数的 2/3 以上出席方可召开。成员因故不能参加成员大会，可以书面委托其他成员代理。1 名成员最多只能代理_____名成员表决。

成员大会选举或者做出决议，须经本社成员表决权总数过半数通过；对修改本社章程，改变成员出资标准，增加或者减少成员出资，合并、分立、解散、清算和对外联合等重大事项做出决议的，须经成员表决权总数 2/3 以上的票数通过。成员代表大会的代表以其受成员书面委托的意见及表决权数，在成员代表大会上行使表决权。

第二十三条　本社设理事长 1 名，为本社的法定代表人。理事长任期_____年，可连选连任。

理事长行使下列职权：

（一）主持成员大会，召集并主持理事会会议；

（二）签署本社成员出资证明；

（三）签署聘任或者解聘本社经理、财务会计人员和其他专业技术人员聘书；

（四）组织实施成员大会和理事会决议，检查决议实施情况；

（五）代表本社签订合同等；

（六）履行成员大会授予的其他职权【注：如不作具体规定此项可删除】。

第二十四条　本社设理事会，对成员大会负责，由_____名成员组成，设副理事长_____人。理事会成员任期_____年，可连选连任。

理事会【注：或者理事长】行使下列职权：

（一）组织召开成员大会并报告工作，执行成员大会决议；

（二）制订本社发展规划、年度业务经营计划、内部管理规章制度等，提交成员大会审议；

（三）制定年度财务预决算、盈余分配和亏损弥补等方案，提交成员大会审议；

（四）组织开展成员培训和各种协作活动；

（五）管理本社的资产和财务，保障本社的财产安全；

（六）接受、答复、处理执行监事或者监事会提出的有关质询和建议；

（七）决定成员入社、退社、继承、除名、奖励、处分等事项【注：如不设立理事会此项可删除】；

（八）决定聘任或者解聘本社经理、财务会计人员和其他专业技术人员；

（九）履行成员大会授予的其他职权【注：如不作具体规定此项可删除】。

第二十五条　理事会会议的表决，实行1人1票。重大事项集体讨论，并经2/3以上理事同意方可形成决定。理事个人对某项决议有不同意见时，其意见记入会议记录并签名。理事会会议邀请执行监事或者监事长、经理和＿＿＿＿＿＿名成员代表列席，列席者无表决权。

【注：农民专业合作社可以根据自身发展的实际情况决定是否设立理事会。如不设立理事会，第二十四条第一款、第二十五条中的相关内容可删除。】

第二十六条　本社设执行监事1名，代表全体成员监督检查理事会和工作人员的工作。执行监事列席理事会会议。

第二十七条　本社设监事会，由＿＿＿＿＿＿名监事组成，设监事长1人，监事长和监事会成员任期＿＿＿＿＿＿年，可连选连任。监事长列席理事会会议。

监事会【注：或者执行监事】行使下列职权：

（一）监督理事会对成员大会决议和本社章程的执行情况；

（二）监督检查本社的生产经营业务情况，负责本社财务审核监察工作；

（三）监督理事长或者理事会成员和经理履行职责情况；

（四）向成员大会提出年度监察报告；

（五）向理事长或者理事会提出工作质询和改进工作的建议；

（六）提议召开临时成员大会；

（七）代表本社负责记录理事与本社发生业务交易时的业务易量（额）情况；

（八）履行成员大会授予的其他职责【注：如不作具体规定此项可删除】。

卸任理事须待卸任_____年后【注：填写本章程第二十三条规定的理事长任期】方能当选监事。

第二十八条　监事会会议由监事长召集，会议决议以书面形式通知理事会。理事会在接到通知后_____日内就有关质询做出答复。

第二十九条　监事会会议的表决实行1人1票。监事会会议须有2/3以上的监事出席方能召开。重大事项的决议须经2/3以上监事同意方能生效。监事个人对某项决议有不同意见时，其意见记入会议记录并签名。

【注：农民专业合作社可以根据自身发展的实际情况决定是否设执行监事和监事会。如不设立，第二十七条、第二十八条、第二十九条相关内容可删除。】

第三十条　本社经理由理事会【注：或者理事长】聘任或者解聘，对理事会【注：或者理事长】负责，行使下列职权：

（一）主持本社的生产经营工作，组织实施理事会决议；

（二）组织实施年度生产经营计划和投资方案；

（三）拟订经营管理制度；

（四）提请聘任或者解聘财务会计人员和其他经营管理人员；

（五）聘任或者解聘除应由理事会聘任或者解聘之外的经营管理人员和其他工作人员；

（六）理事会授予的其他职权【注：如不作具体规定此项可删除】。

本社理事长或者理事可以兼任经理。

第三十一条　本社现任理事长、理事、经理和财务会计人员不得兼任监事。

第三十二条　本社理事长、理事和管理人员不得有下列行为：

（一）侵占、挪用或者私分本社资产；

（二）违反章程规定或者未经成员大会同意，将本社资金借贷给他人或者以本社资产为他人提供担保；

（三）接受他人与本社交易的佣金归为己有；

（四）从事损害本社经济利益的其他活动；

（五）兼任业务性质相同的其他农民专业合作社的理事长、理事、监事、经理。理事长、理事和管理人员违反前款第（一）项至第（四）项规定所得的收入，归本社所有；给本社造成损失的，须承担赔偿责任。

第四章　财务管理

第三十三条　本社实行独立的财务管理和会计核算，严格按照国务院财政部门制定的农民专业合作社财务制度和会计制度核定生产经营和管理服务过程中的成本与费用。

第三十四条　本社依照有关法律、行政法规和政府有关主管部门的规定，建立健全财务和会计制度，实行每月＿＿＿＿日【注：或者每季度第＿＿＿＿月＿＿＿＿日】财务定期公开制度。

　　本社财会人员应持有会计从业资格证书，会计和出纳互不兼任。理事会、监事会成员及其直系亲属不得担任本社的财会人员。

　　第三十五条　成员与本社的所有业务交易，实名记载于各该成员的个人账户中，作为按交易量（额）进行可分配盈余返还分配的依据。利用本社提供服务的非成员与本社的所有业务交易，实行单独记账，分别核算。

　　第三十六条　会计年度终了时，由理事长【注：或者理事会】按照本章程规定，组织编制本社年度业务报告、盈余分配方案、亏损处理方案以及财务会计报告，经执行监事或者监事会审核后，于成员大会召开 15 日前，置备于办公地点，供成员查阅并接受成员的质询。

　　第三十七条　本社资金来源包括以下几项：

　　（一）成员出资；

　　（二）每个会计年度从盈余中提取的公积金、公益金；

　　（三）未分配收益；

　　（四）国家扶持补助资金；

　　（五）他人捐赠款；

　　（六）其他资金。

　　第三十八条　本社成员可以用货币出资，也可以用库房、加工设备、运输设备、农机具、农产品等实物、技术、知识产权或者其他财产权利作价出资，但不得以劳务、信用、自然人姓名、商誉、特许经营权或者设定担保的财产等作价出资。成员以非货币方式出资的，由全体成员评估作价。

　　第三十九条　本社成员认缴的出资额，须在_____个月内缴清。

　　第四十条　以非货币方式作价出资的成员与以货币方式出资的成员享受同等权利，承担相同义务。

　　经理事长【注：或者理事会】审核，成员大会讨论通过，成员出资可以转让给本社其他成员。

第四十一条　为实现本社及全体成员的发展目标需要调整成员出资时，经成员大会讨论通过，形成决议，每个成员须按照成员大会决议的方式和金额调整成员出资。

第四十二条　本社向成员颁发成员证书，并载明成员的出资额。成员证书同时加盖本社财务印章和理事长印鉴。

第四十三条　本社从当年盈余中提取百分之_____的公积金，用于扩大生产经营、弥补亏损或者转为成员出资。

【注：农民专业合作社可以根据自身发展的实际情况决定是否提取公积金。】

第四十四条　本社从当年盈余中提取百分之_____的公益金，用于成员的技术培训、合作社知识教育以及文化、福利事业和生活上的互助互济。其中，用于成员技术培训与合作社知识教育的比例不少于公益金数额的百分之_____。

【注：农民专业合作社可以根据自身发展的实际情况决定是否提取公益金。】

第四十五条　本社接受的国家财政直接补助和他人捐赠，均按本章程规定的方法确定的金额入账，作为本社的资金（产），按照规定用途和捐赠者意愿用于本社的发展。在解散、破产清算时，由国家财政直接补助形成的财产，不得作为可分配剩余资产分配给成员，处置办法按照国家有关规定执行；接受他人的捐赠，与捐赠者另有约定的，按约定办法处置。

第四十六条　当年扣除生产经营和管理服务成本，弥补亏损、提取公积金和公益金后的可分配盈余，经成员大会决议，按照下列顺序分配：

（一）按成员与本社的业务交易量（额）比例返还，返还总额不低于可分配盈余的百分之_____【注：依法不低于60％，具体比例由成员大会讨论决定】

（二）按前项规定返还后的剩余部分，以成员账户中记载的出资额和公积金份额，以及本社接受国家财政直接补助和他人捐赠形成的财产平均量化到成员的份额，按比例分配给本社成员，并记载在成员个人账户中。

第四十七条　本社如有亏损，经成员大会讨论通过，用公积金弥补，不足部分也可以用以后年度盈余弥补。

本社的债务用本社公积金或者盈余清偿，不足部分依照成员个人账户中记载的财产份额，按比例分担，但不超过成员账户中记载的出资额和公积金份额。

第四十八条　执行监事或者监事会负责本社的日常财务审核监督。根据成员大会【注：或者理事会】的决定【注：或者监事会的要求】，本社委托_____审计机构对本社财务进行年度审计、专项审计和换届、离任审计。

第五章　合并、分立、解散和清算

第四十九条　本社与他社合并，须经成员大会决议，自合并决议作出之日起10日内通知债权人。合并后的债权、债务由合并后存续或者新设的组织承继。

第五十条　经成员大会决议分立时，本社的财产作相应分割，并自分立决议作出之日起10日内通知债权人。分立前的债务由分立后的组织承担连带责任。但是，在分立前与债权人就债务清偿达成的书面协议另有约定的除外。

第五十一条　本社有下列情形之一，经成员大会决议，报登记机关核准后解散：

（一）本社成员人数少于5人；

（二）成员大会决议解散；

（三）本社分立或者与其他农民专业合作社合并后需要解散；

（四）因不可抗力因素致使本社无法继续经营；

（五）依法被吊销营业执照或者被撤销；

（六）成员共同议决的其他情形。【注：如不作具体规定此项

可删除】

第五十二条　本社因前条第一项、第二项、第四项、第五项、第六项情形解散的，在解散情形发生之日起 15 日内，由成员大会推举_____名成员组成清算组接管本社，开始解散清算。逾期未能组成清算组时，成员、债权人可以向人民法院申请指定成员组成清算组进行清算。

第五十三条　清算组负责处理与清算有关未了结业务，清理本社的财产和债权、债务，制定清偿方案，分配清偿债务后的剩余财产，代表本社参与诉讼、仲裁或者其他法律程序，并在清算结束后，于_____日内向成员公布清算情况，向原登记机关办理注销登记。

第五十四条　清算组自成立起 10 日内通知成员和债权人，并于 60 日内在报纸上公告。

第五十五条　本社财产优先支付清算费用和共益债务后，按下列顺序清偿：

（一）与农民成员已发生交易所欠款项；

（二）所欠员工的工资及社会保险费用；

（三）所欠税款；

（四）所欠其他债务；

（五）归还成员出资、公积金；

（六）按清算方案分配剩余财产。

清算方案须经成员大会通过或者申请人民法院确认后实施。本社财产不足以清偿债务时，依法向人民法院申请破产。

第六章　附则

第五十六条　本社需要向成员公告的事项，采取_____方式发布，需要向社会公告的事项，采取_____方式发布。

第五十七条　本章程由设立大会表决通过，全体设立人签字后生效。

第五十八条　修改本章程，须经半数以上成员或者理事会提出，理事长【注：或者理事会】负责修订，成员大会讨论通过后实施。

第五十九条　本章程由本社理事会【注：或者理事长】负责解释。

全体设立人签名、盖章：

附录 4

农民专业合作社财务会计制度（试行）

一、总则

（一）为了规范农民专业合作社（以下简称合作社）会计工作，保护农民专业合作社及其成员的合法权益，根据《中华人民共和国会计法》《中华人民共和国农民专业合作社法》及有关规定，结合合作社的实际情况，制定本制度。

（二）本制度适用于依照《中华人民共和国农民专业合作社法》设立并取得法人资格的合作社。

（三）合作社应根据本制度规定和会计业务需要，设置会计账簿，配备必要的会计人员。不具备条件的，也可以本着民主、自愿的原则，委托农村经营管理机构或代理记账机构代理记账、核算。

（四）合作社应按本制度规定，设置和使用会计科目，登记会计账簿，编制会计报表。

会计核算以人民币"元"为金额单位，"元"以下填至"分"。

（五）合作社的会计核算采用权责发生制。会计记账方法采用借贷记账法。

（六）合作社会计核算应当划分会计期间，分期结算账目。一个会计年度自公历 1 月 1 日起至 12 月 31 日止。

（七）合作社会计信息应定期、及时向本合作社成员公开，接受成员的监督。对于成员提出的问题，会计及管理人员应及时解答，确实存在错误的要立即纠正。

（八）财政部门依照《中华人民共和国会计法》规定职责，对合作社的会计工作进行管理和监督。

农村经营管理部门依照《中华人民共和国农民专业合作社法》和有关法规政策等，对合作社会计工作进行指导和监督。

（九）本制度自 2008 年 1 月 1 日起施行。

二、会计核算的基本要求

（一）合作社的资产分为流动资产、农业资产、对外投资、固定资产和无形资产等。

（二）合作社的流动资产包括现金、银行存款、应收款项、存货等。

（三）合作社必须根据有关法律法规，结合实际情况，建立健全货币资金内部控制制度。

合作社应当建立货币资金业务的岗位责任制，明确相关岗位的职责权限。明确审批人和经办人对货币资金业务的权限、程序、责任和相关控制措施。

合作社收取现金时手续要完备，使用统一规定的收款凭证。合作社取得的所有现金均应及时入账，不准以白条抵库，不准挪用，不准公款私存。

合作社要及时、准确地核算现金收入、支出和结存，做到账款相符。要组织专人定期或不定期清点核对现金。

合作社要定期与银行、信用社或其他金融机构核对账目。支票和财务印鉴不得由同一人保管。

（四）合作社的应收款项包括本社成员和非本社成员的各项应收及暂付款项。合作社对拖欠的应收款项要采取切实可行的措施积极催收。

（五）合作社应当建立健全销售业务内部控制制度，明确审批人和经办人的权限、程序、责任和相关控制措施。

合作社应当按照规定的程序办理销售和发货业务。应当在销售与发货各环节设置相关的记录、填制相应的凭证，并加强有关单据和凭证的相互核对工作。

合作社应当按照有关规定及时办理销售收款业务,应将销售收入及时入账,不得账外设账。

合作社应当加强销售合同、发货凭证、销售发票等文件和凭证的管理。

(六)合作社应当建立健全采购业务内部控制制度,明确审批人和经办人的权限、程序、责任和相关控制措施。

合作社应当按照规定的程序办理采购与付款业务。应当在采购与付款各环节设置相关的记录、填制相应的凭证,并加强有关单据和凭证的相互核对工作。在办理付款业务时,应当对采购发票、结算凭证、验收证明等相关凭证进行严格审核。

合作社应当加强对采购合同、验收证明、入库凭证、采购发票等文件和凭证的管理。

(七)合作社的存货包括种子、化肥、燃料、农药、原材料、机械零配件、低值易耗品、在产品、农产品、工业产成品、受托代销商品、受托代购商品、委托代销商品和委托加工物资等。

存货按照下列原则计价:购入的物资按照买价加运输费、装卸费等费用、运输途中的合理损耗等计价;受托代购商品视同购入的物资计价;生产入库的农产品和工业产成品,按生产过程中发生的实际支出计价,委托加工物资验收入库时,按照委托加工物资的成本加上实际支付的全部费用计价;受托代销商品按合同或协议约定的价格计价,出售受托代销商品时,实际收到的价款大于合同或协议约定价格的差额计入经营收入,实际收到的价款小于合同或协议约定价格的差额计入经营支出;委托代销商品按委托代销商品的实际成本计价。领用或出售的出库存货成本的确定,可在"先进先出法""加权平均法""个别计价法"等方法中任选一种,但是一经选定,不得随意变动。

合作社对存货要定期盘点核对,做到账实相符,年末必须进行一次全面的盘点清查。盘亏、毁损和报废的存货,按规定程序批准后,按实际成本扣除应由责任人或者保险公司赔偿的金额和残料价值后的余额，计入其他支出。

（八）合作社应当建立健全存货内部控制制度，建立保管人员岗位责任制。存货入库时，保管员清点验收入库，填写入库单；出库时，由保管员填写出库单，主管负责人批准，领用人签名盖章，保管员根据批准后的出库单出库。

（九）合作社根据国家法律、法规规定，可以采用货币资金、实物资产或者购买股票、债券等有价证券方式向其他单位投资。

（十）合作社的对外投资按照下列原则计价：

以现金、银行存款等货币资金方式向其他单位投资的，按照实际支付的款项计价。

以实物资产（含牲畜和林木）方式向其他单位投资的，按照评估确认或者合同、协议确定的价值计价。

合作社以实物资产方式对外投资，其评估确认或合同、协议确定的价值必须真实、合理，不得高估或低估资产价值。实物资产重估确认价值与其账面净值之间的差额，计入资本公积。

合作社对外投资分得的现金股利或利润、利息等计入投资收益。出售、转让和收回对外投资时，按实际收到的价款与其账面余额的差额，计入投资收益。

（十一）合作社应当建立健全对外投资业务内部控制制度，明确审批人和经办人的权限、程序、责任和相关控制措施。

合作社的对外投资业务（包括对外投资决策、评估及其收回、转让与核销），应当由理事会提交成员大会决策，严禁任何个人擅自决定对外投资或者改变成员大会的决策意见。

合作社应当建立对外投资责任追究制度，对在对外投资中出现重大决策失误、未履行集体审批程序和不按规定执行对外投资业务的人员，应当追究相应的责任。

合作社应当对对外投资业务各环节设置相应的记录或凭证，加强对审批文件、投资合同或协议、投资方案书、对外投资有关权益证书、对外投资处置决议等文件资料的管理，明确各种文件资料的取得、归档、保管、调阅等各个环节的管理规定及相关人员的职责权限。

合作社应当加强对投资收益的控制，对外投资获取的利息、股利以及其他收益，均应纳入会计核算，严禁设置账外账。

（十二）合作社要建立有价证券管理制度，加强对各种有价证券的管理。要建立有价证券登记簿，详细记载各有价证券的名称、券别、购买日期、号码、数量和金额。有价证券要由专人管理。

（十三）合作社的农业资产包括牲畜（禽）资产和林木资产等。农业资产按下列原则计价：购入的农业资产按照购买价及相关税费等计价；幼畜及育肥畜的饲养费用、经济林木投产前的培植费用、非经济林木郁闭前的培植费用按实际成本计入相关资产成本；产役畜、经济林木投产后，应将其成本扣除预计残值后的部分在其正常生产周期内按直线法分期摊销，预计净残值率按照产役畜、经济林木成本的5％确定，已提足折耗但未处理仍继续使用的产役畜、经济林木不再摊销；农业资产死亡毁损时，按规定程序批准后，按实际成本扣除应由责任人或者保险公司赔偿的金额后的差额，计入其他收支；合作社其他农业资产，可比照牲畜（禽）资产和林木资产的计价原则处理。

（十四）合作社的房屋、建筑物、机器、设备、工具、器具和农业基本建设设施等，凡使用年限在一年以上，单位价值在500元以上的列为固定资产。有些主要生产工具和设备，单位价值虽低于规定标准，但使用年限在一年以上的，也可列为固定资产。

合作社以经营租赁方式租入和以融资租赁方式租出的固定资产，不应列作合作社的固定资产。

（十五）合作社应当根据具体情况分别确定固定资产的入账价值：

1. 购入的固定资产，不需要安装的，按实际支付的买价加采购费、包装费、运杂费、保险费和交纳的有关税金等计价；需要安装或改装的，还应加上安装费或改装费。

2. 新建的房屋及建筑物、农业基本建设设施等固定资产，按竣工验收的决算价计价。

3. 接受捐赠的全新固定资产，应按发票所列金额加上实际发生的运输费、保险费、安装调试费和应支付的相关税金等计价；无所附凭据的，按同类设备的市价加上应支付的相关税费计价。接受捐赠的旧固定资产，按照经过批准的评估价值或双方确认的价值计价。

4. 在原有固定资产基础上进行改造、扩建的，按原有固定资产的价值，加上改造、扩建工程而增加的支出，减去改造、扩建工程中发生的变价收入计价。

5. 投资者投入的固定资产，按照投资各方确认的价值计价。

（十六）合作社的在建工程指尚未完工、或虽已完工但尚未办理竣工决算的工程项目。在建工程按实际消耗的支出或支付的工程价款计价。形成固定资产的在建工程完工交付使用后，计入固定资产。

在建工程部分发生报废或者毁损，按规定程序批准后，按照扣除残料价值和过失人及保险公司赔款后的净损失，计入工程成本。单项工程报废以及由于自然灾害等非常原因造成的报废或者毁损，其净损失计入其他支出。

（十七）合作社必须建立固定资产折旧制度，按年或按季、按月提取固定资产折旧。固定资产的折旧方法可在"平均年限法""工作量法"等方法中任选一种，但是一经选定，不得随意变动。

合作社应当对所有的固定资产计提折旧，但是，已提足折旧仍继续使用的固定资产除外。

合作社当月或当季度增加的固定资产，当月或当季度不提折旧，从下月或下季度起计提折旧；当月或当季度减少的固定资产，当月或当季度照提折旧，从下月或下季度起不提折旧。

固定资产提足折旧后，不管能否继续使用，均不再提取折旧；提前报废的固定资产，也不再补提折旧。

（十八）固定资产的修理费用直接计入有关支出项目。

固定资产变卖和清理报废的变价净收入与其账面净值的差额计入其他收支。固定资产变价净收入是指变卖和清理报废固定资产所取得的价款减清理费用后的净额。固定资产净值是指固定资产原值减累计折旧后的净额。

（十九）合作社应当建立健全固定资产内部控制制度，建立人员岗位责任制。应当定期对固定资产盘点清查，做到账实相符，年度终了前必须进行一次全面的盘点清查。盘亏及毁损的固定资产，应查明原因，按规定程序批准后，按其原价扣除累计折旧、变价收入、过失人及保险公司赔款之后，计入其他支出。

（二十）合作社的无形资产是指合作社长期使用但是没有实物形态的资产，包括专利权、商标权、非专利技术等。无形资产按取得时的实际成本计价，并从使用之日起，按照不超过10年的期限平均摊销，计入管理费用。转让无形资产取得的收入，计入其他收入；转让无形资产的成本，计入其他支出。

（二十一）每年年度终了，合作社应当对应收款项、存货、对外投资、农业资产、固定资产、在建工程、无形资产等资产进行全面检查，对于已发生损失但尚未批准核销的各项资产，应在资产负债表补充资料中予以披露。这些资产包括：1.确实无法收回的应收款项；2.盘亏、毁损和报废的存货；3.无法收回的对外投资；4.死亡毁损的农业资产；5.盘亏、毁损和报废的固定资产；6.毁损和报废的在建工程；7.注销和无效的无形资产。

（二十二）合作社应当定期或不定期对与资产有关的内部控制制度进行监督检查，对发现的薄弱环节，应当及时采取措施，加以纠正和完善。

（二十三）合作社的负债分为流动负债和长期负债。

流动负债是指偿还期在一年以内（含一年）的债务，包括短期借款、应付款项、应付工资、应付盈余返还、应付剩余盈余等。

长期负债是指偿还期超过一年以上（不含一年）的债务，包括长期借款、专项应付款等。

合作社的负债按实际发生的数额计价，利息支出计入其他支出。

对发生因债权人特殊原因确实无法支付的应付款项，计入其他收入。

（二十四）合作社应当建立健全借款业务内部控制制度，明确审批人和经办人的权限、程序、责任和相关控制措施。不得由同一人办理借款业务的全过程。

合作社应当对借款业务按章程规定进行决策和审批，并保留完整的书面记录。

合作社应当在借款各环节设置相关的记录、填制相应的凭证，并加强有关单据和凭证的相互核对工作。合作社应当加强对借款合同等文件和凭证的管理。

合作社应当定期或不定期对借款业务内部控制进行监督检查，对发现的薄弱环节，应当及时采取措施，加以纠正和完善。

（二十五）合作社的所有者权益包括股金、专项基金、资本公积、盈余公积、未分配盈余等。

（二十六）合作社对成员入社投入的资产要按有关规定确认和计量。合作社收到成员入社投入的资产，应按双方确认的价值计入相关资产，按享有合作社注册资本的份额计入股金，双方确认的价值与按享有合作社注册资本的份额计算的金额的差额，计入资本公积。

合作社接受国家财政直接补助形成的固定资产、农业资产和无形资产，以及接受他人捐赠、用途不受限制或已按约定使用的资产计入专项基金。

合作社从当年盈余中提取的公积金，计入盈余公积。

（二十七）合作社的生产成本是指合作社直接组织生产或对非成员提供劳务等活动所发生的各项生产费用和劳务成本。

（二十八）合作社的经营收入是指合作社为成员提供农业生产资料的购买，农产品的销售、加工、运输、贮藏以及与农业生产经营有关的技术、信息等服务取得的收入，以及销售合作社自己生产的产品、对非成员提供劳务等取得的收入。合作社一般应于产品物资已经发出，服务已经提供，同时收讫价款或取得收取价款的凭据时，确认经营收入的实现。

合作社的其他收入是指除经营收入以外的收入。

（二十九）合作社的经营支出是指合作社为成员提供农业生产资料的购买，农产品的销售、加工、运输、贮藏以及与农业生产经营有关的技术、信息等服务发生的实际支出，以及因销售合作社自己生产的产品、对非成员提供劳务等活动发生的实际成本。

管理费用是指合作社管理活动发生的各项支出，包括管理人员的工资、办公费、差旅费、管理用固定资产的折旧、业务招待费、无形资产摊销等。

其他支出是指合作社除经营支出、管理费用以外的支出。

（三十）合作社的本年盈余按照下列公式计算：

本年盈余＝经营收益＋其他收入－其他支出

其中：经营收益＝经营收入＋投资收益－经营支出－管理费用

投资收益是指投资所取得的收益扣除发生的投资损失后的数额。投资收益包括对外投资分得的利润、现金股利和债券利息，以及投资到期收回或者中途转让取得款项高于账面余额的差额等。投资损失包括投资到期收回或者中途转让取得款项低于账面余额的差额。

（三十一）合作社在进行年终盈余分配工作以前，要准确地核算全年的收入和支出；清理财产和债权、债务，真实完整地登记成员个人账户。

三、会计科目

（一）会计科目表

顺序号	科目编号	科目名称
		一、资产类
1	101	库存现金
2	102	银行存款
3	113	应收款
4	114	成员往来
5	121	产品物资
6	124	委托加工物资
7	125	委托代销商品
8	127	受托代购商品
9	128	受托代销商品
10	131	对外投资
11	141	牲畜（禽）资产
12	142	林木资产
13	151	固定资产
14	152	累计折旧
15	153	在建工程
16	154	固定资产清理
17	161	无形资产

（续）

顺序号	科目编号	科目名称
		二、负债类
18	201	短期借款
19	211	应付款
20	212	应付工资
21	221	应付盈余返还
22	222	应付剩余盈余
23	231	长期借款
24	235	专项应付款
		三、所有者权益类
25	301	股金
26	311	专项基金
27	321	资本公积
28	322	盈余公积
29	331	本年盈余
30	332	盈余分配
		四、成本类
31	401	生产成本
		五、损益类
32	501	经营收入
33	502	其他收入
34	511	投资收益
35	521	经营支出
36	522	管理费用
37	529	其他支出

附注：合作社在经营中涉及使用外埠存款、银行汇票存款、银行本票存款、信用卡存款、信用证保证金存款等各种其他货币资金的，可增设"其他货币资金"科目（科目编号 109）；合作社在经营中大量使用包装物，需要单独对其进行核算的，可增设"包装物"科目（科目编号 122）；合作社生产经营过程中，有牲畜（禽）资产、林木资产以外的其他农业资产，需要单独对其进行核算的，可增设"其他农业资产"科目（科目编号 149），参照"牲畜（禽）资产"、"林木资产"进行核算；合作社需要分年摊销相关长期费用的，可增设"长期待摊费用"科目（科目编号 171）。

（二）会计科目使用说明

101 库存现金

一、本科目核算合作社的库存现金。

二、合作社应严格按照国家有关现金管理的规定收支现金，超过库存现金限额的部分应当及时交存银行，并严格按照本制度规定核算现金的各项收支业务。

三、收到现金时，借记本科目，贷记有关科目；支出现金时，借记有关科目，贷记本科目。

四、本科目期末借方余额，反映合作社实际持有的库存现金。

102 银行存款

一、本科目核算合作社存入银行、信用社或其他金融机构的款项。

二、合作社应当严格按照国家有关支付结算办法，办理银行存款收支业务的结算，并按照本制度规定核算银行存款的各项收支业务。

三、合作社将款项存入银行、信用社或其他金融机构时，借记本科目，贷记有关科目；提取和支出存款时，借记有关科目，贷记本科目。

四、本科目应按银行、信用社或其他金融机构的名称设置明细科目，进行明细核算。

五、本科目期末借方余额，反映合作社实际存在银行、信用社或其他金融机构的款项。

113 应收款

一、本科目核算合作社与非成员之间发生的各种应收以及暂付款项，包括因销售产品物资、提供劳务应收取的款项以及应收的各种赔款、罚款、利息等。

二、合作社发生各种应收及暂付款项时，借记本科目，贷记"经营收入""库存现金""银行存款"等科目；收回款项时，借记"库存现金""银行存款"等科目，贷记本科目。取得用暂付款购得的产品物资、劳务时，借记"产品物资"等科目，贷记本科目。

三、对确实无法收回的应收及暂付款项，按规定程序批准核销时，借记"其他支出"科目，贷记本科目。

四、本科目应按应收及暂付款项的单位和个人设置明细科目，进行明细核算。

五、本科目期末借方余额，反映合作社尚未收回的应收及暂付款项。

114 成员往来

一、本科目核算合作社与其成员的经济往来业务。

二、合作社与其成员发生应收款项和偿还应付款项时，借记本科目，贷记"库存现金""银行存款"等科目；收回应收款项和发生应付款项时，借记"库存现金""银行存款"等科目，贷记本科目。

三、合作社为其成员提供农业生产资料购买服务，按实际支付或应付的款项，借记本科目，贷记"库存现金""银行存款""应付款"等科目；按为其成员提供农业生产资料购买而应收取的服务费，借记本科目，贷记"经营收入"等科目；收到成员给付的农业生产资料购买款项和服务费时，借记"库存现金""银行存款"等科目，贷记本科目。

四、合作社为其成员提供农产品销售服务，收到成员交来的产品时，按合同或协议约定的价格，借记"受托代销商品"等科目，贷记本科目。

五、本科目应按合作社成员设置明细科目，进行明细核算。

六、本科目下属各明细科目的期末借方余额合计数反映成员欠合作社的款项总额；期末贷方余额合计数反映合作社欠成员的款项总额。各明细科目年末借方余额合计数应在资产负债表"应收款项"反映；年末贷方余额合计数应在资产负债表"应付款项"反映。

121 产品物资

一、本科目核算合作社库存的各种产品和物资。

二、合作社购入并已验收入库的产品物资，按实际支付或应支付的价款，借记本科目，贷记"库存现金""银行存款""成员往来""应付款"等科目。

三、合作社生产完工以及委托外单位加工完成并已验收入库的产品物资，按实际成本，借记本科目，贷记"生产成本""委托加工物资"等科目。

四、产品物资销售时，按实现的销售收入，借记"库存现金""银行存款""应收款"等科目，贷记"经营收入"科目；按销售产品物资的实际成本，借记"经营支出"科目，贷记本科目。

五、产品物资领用时，借记"生产成本""在建工程""管理费用"等科目，贷记本科目。

六、合作社的产品物资应当定期清查盘点。盘亏和毁损产品物资，经审核批准后，按照责任人和保险公司赔偿的金额，借记"成员往来""应收款"等科目，按责任人或保险公司赔偿金额后的净损失，借记"其他支出"科目，按盘亏和毁损产品物资的账面余额，贷记本科目。

七、本科目应按产品物资品名设置明细科目，进行明细核算。

八、本科目期末借方余额，反映合作社库存产品物资的实际成本。

124 委托加工物资

一、本科目核算合作社委托外单位加工的各种物资的实际成本。

二、发给外单位加工的物资，按委托加工物资的实际成本，借记本科目，贷记"产品物资"等科目。

按合作社支付该项委托加工的全部费用（加工费、运杂费等），借记本科目，贷记"库存现金""银行存款"等科目。

三、加工完成验收入库的物资，按加工收回物资的实际成本和剩余物资的实际成本，借记"产品物资"等科目，贷记本科目。

四、本科目应按加工合同和受托加工单位等设置明细账，进行明细核算。

五、本科目期末借方余额，反映合作社委托外单位加工但尚未加工完成物资的实际成本。

125 委托代销商品

一、本科目核算合作社委托外单位销售的各种商品的实际成本。

二、发给外单位销售的商品时，按委托代销商品的实际成本，借记本科目，贷记"产品物资"等科目。

三、收到代销单位报来的代销清单时，按应收金额，借记"应收款"科目，按应确认的收入，贷记"经营收入"科目；按应支付的手续费等，借记"经营支出"科目，贷记"应收款"科目；同时，按代销商品的实际成本（或售价），借记"经营支出"

等科目，贷记本科目；收到代销款时，借记"银行存款"等科目，贷记"应收款"科目。

四、本科目应按代销商品或委托单位等设置明细账，进行明细核算。

五、本科目期末借方余额，反映合作社委托外单位销售但尚未收到代销商品款的商品的实际成本。

127 受托代购商品

一、本科目核算合作社接受委托代为采购商品的实际成本。

二、合作社收到受托代购商品款时，借记"库存现金"、"银行存款"等科目，贷记"成员往来"等科目。

三、合作社受托采购商品时，按采购商品的价款，借记本科目，贷记"库存现金""银行存款""应付款"等科目。

四、合作社将受托代购商品交付给委托方时，按代购商品的实际成本，借记"成员往来""应付款"等科目，贷记本科目；如果受托代购商品收取手续费，按应收取的手续费，借记"成员往来"等科目，贷记"经营收入"科目。收到手续费时，借记"库存现金""银行存款"等科目，贷记"成员往来"等科目。

五、本科目应按受托方设置明细账，进行明细核算。

六、本科目期末借方余额，反映合作社受托采购尚未交付商品的实际成本。

128 受托代销商品

一、本科目核算合作社接受委托代销商品的实际成本。

二、合作社收到委托代销商品时，按合同或协议约定的价格，借记本科目，贷记"成员往来"等科目。

三、合作社售出受托代销商品时，按实际收到的价款，借记"库存现金""银行存款"等科目，按合同或协议约定的价格，贷记本科目，如果实际收到的价款大于合同或协议约定的价格，按其差额，贷记"经营收入"等科目；如果实际收到的价款小于合同或协议约定的价格，按其差额，借记"经营支出"等科目。

四、合作社给付委托方代销商品款时，借记"成员往来"等科目，贷记"库存现金""银行存款"等科目。

五、本科目应按委托代销方设置明细账，进行明细核算。

六、本科目期末借方余额，反映合作社尚未售出的受托代销商品的实际成本。

131 对外投资

一、本科目核算合作社持有的各种对外投资，包括股票投资、债券投资和合作社兴办企业等投资。

二、合作社以现金或实物资产（含牲畜和林木）等方式进行对外投资时，按照实际支付的价款或合同、协议确定的价值，借记本科目，贷记"库存现金""银行存款"等科目，合同或协议约定的实物资产价值与原账面余额之间的差额，借记或贷记"资本公积"科目。

三、收回投资时，按实际收回的价款或价值，借记"库存现金""银行存款"等科目，按投资的账面余额，贷记本科目，实际收回的价款或价值与账面余额的差额，借记或贷记"投资收益"科目。

四、被投资单位宣告分配现金股利或利润时，借记"应收款"等科目，贷记"投资收益"等科目；实际收到现金股利或利润时，借记"库存现金""银行存款"等科目，贷记"应收款"科目；获得股票股利时，不作账务处理，但应在备查簿中登记所增加的股份。

五、投资发生损失时，按规定程序批准后，按照应由责任人和保险公司赔偿的金额，借记"应收款""成员往来"等科目，按照扣除由责任人和保险公司赔偿的金额后的净损失，借记"投资收益"科目，按照发生损失对外投资的账面余额，贷记本科目。

六、本科目应按对外投资的种类设置明细科目，进行明细核算。

七、本科目期末借方余额，反映合作社对外投资的实际成本。

141 牲畜（禽）资产

一、本科目核算合作社购入或培育的牲畜（禽）的成本。牲畜（禽）资产分幼畜及育肥畜和产役畜两类。

二、合作社购入幼畜及育肥畜时，按购买价及相关税费，借记本科目（幼畜及育肥畜），贷记"库存现金""银行存款"、"应付款"等科目；发生的饲养费用，借记本科目（幼畜及育肥畜），贷记"应付工资""产品物资"等科目。

三、幼畜成龄转作产役畜时，按实际成本，借记本科目（产役畜），贷记本科目（幼畜及育肥畜）。

四、产役畜的饲养费用不再记入本科目，借记"经营支出"科目，贷记"应付工资""产品物资"等科目。

五、产役畜的成本扣除预计残值后的部分应在其正常生产周期内，按照直线法分期摊销，借记"经营支出"科目，贷记本科目（产役畜）。

六、幼畜及育肥畜和产役畜对外销售时，按照实现的销售收入，借记"库存现金""银行存款""应收款"等科目，贷记"经营收入"科目；同时，按照销售牲畜的实际成本，借记"经营支出"科目，贷记本科目。

七、以幼畜及育肥畜和产役畜对外投资时，按照合同、协议确定的价值，借记"对外投资"科目，贷记本科目，合同或协议确定的价值与牲畜资产账面余额之间的差额，借记或贷记"资本公积"科目。

八、牲畜死亡毁损时，按规定程序批准后，按照过失人及保险公司应赔偿的金额，借记"成员往来""应收款"科目，如发生净损失，则按照扣除过失人和保险公司应赔偿金额后的净损失，借记"其他支出"科目，按照牲畜资产的账面余额，贷记本科目；如产生净收益，则按照牲畜资产的账面余额，贷记本科目，同时按照过失人及保险公司应赔偿金额超过牲畜资产账面余额的金额，贷记"其他收入"科目。

九、本科目应设置"幼畜及育肥畜"和"产役畜"两个二级科目，按牲畜（禽）的种类设置三级明细科目，进行明细核算。

十、本科目期末借方余额，反映合作社幼畜及育肥畜和产役畜的账面余额。

142 林木资产

一、本科目核算合作社购入或营造的林木成本。林木资产分经济林木和非经济林木两类。

二、合作社购入经济林木时，按购买价及相关税费，借记本科目（经济林木），贷记"库存现金""银行存款""应付款"等科目；购入或营造的经济林木投产前发生的培植费用，借记本科目（经济林木），贷记"应付工资""产品物资"等科目。

三、经济林木投产后发生的管护费用，不再记入本科目，借记"经营支出"科目，贷记"应付工资""产品物资"等科目。

四、经济林木投产后，其成本扣除预计残值后的部分应在其正常生产周期内，按照直线法摊销，借记"经营支出"科目，贷记本科目（经济林木）。

五、合作社购入非经济林木时，按购买价及相关税费，借记本科目（非经济林木），贷记"库存现金""银行存款""应付款"等科目；购入或营造的非经济林木在郁闭前发生的培植费用，借记本科目（非经济林木），贷记"应付工资""产品物资"等科目。

六、非经济林木郁闭后发生的管护费用，不再记入本科目，借记"其他支出"科目，贷记"应付工资""产品物资"等科目。

七、按规定程序批准后，林木采伐出售时，按照实现的销售收入，借记"库存现金""银行存款""应收款"等科目，贷记"经营收入"科目；同时，按照出售林木的实际成本，借记"经营支出"科目，贷记本科目。

八、以林木对外投资时，按照合同、协议确定的价值，借记"对外投资"科目，贷记本科目，合同或协议确定的价值与林木资产账面余额之间的差额，借记或贷记"资本公积"科目。

九、林木死亡毁损时，按规定程序批准后，按照过失人及保险公司应赔偿的金额，借记"成员往来""应收款"科目，如发生净损失，则按照扣除过失人和保险公司应赔偿金额后的净损失，借记"其他支出"科目，按照林木资产的账面余额，贷记本科目；如产生净收益，则按照林木资产的账面余额，贷记本科目，同时按照过失人及保险公司应赔偿金额超过林木资产账面余额的金额，贷记"其他收入"科目。

十、本科目应设置"经济林木"和"非经济林木"两个二级科目，按林木的种类设置三级科目，进行明细核算。

十一、本科目期末借方余额，反映合作社购入或营造林木的账面余额。

151 固定资产

一、本科目核算合作社固定资产的原值。

合作社的房屋、建筑物、机器、设备、工具、器具、农业基本建设设施等，凡使用年限在一年以上、单位价值在 500 元以上的列为固定资产。有些主要生产工具和设备，单位价值虽然低于规定标准，但使用年限在一年以上的，也可列为固定资产。

合作社以经营租赁方式租入和以融资租赁方式租出的固定资产，不应列作合作社的固定资产。

二、固定资产账务处理：

（一）购入不需要安装的固定资产，按原价加采购费、包装费、运杂费、保险费和相关税金等，借记本科目，贷记"银行存款"等科目。购入需要安装的固定资产，先记入"在建工程"科目，待安装完毕交付使用时，按照其实际成本，借记本科目，贷记"在建工程"科目。

（二）自行建造完成交付使用的固定资产，按建造该固定资产的实际成本，借记本科目，贷记"在建工程"科目。

（三）投资者投入的固定资产，按照投资各方确认的价值，借记本科目，按照经过批准的投资者所应拥有以合作社注册资本份额计算的资本金额，贷记"股金"科目，按照两者之间的差额，借记或贷记"资本公积"科目。

（四）收到捐赠的全新固定资产，按照所附发票所列金额加上应支付的相关税费，借记本科目，贷记"专项基金"科目；如果捐赠方未提供有关凭据，则按其市价或同类、类似固定资产的市场价格估计的金额，加上由合作社负担的运输费、保险费、安装调试费等作为固定资产成本，借记本科目，贷记"专项基金"科目。收到捐赠的旧固定资产，按照经过批准的评估价值或双方确认的价值，借记本科目，贷记"专项基金"科目。

（五）固定资产出售、报废和毁损等时，按固定资产账面净值，借记"固定资产清理"科目，按照应由责任人或保险公司赔偿的金额，借记"应收款""成员往来"等科目，按已提折旧，借记"累计折旧"科目，按固定资产原价，贷记本科目。

（六）对外投资投出固定资产时，按照投资各方确认的价值或者合同、协议约定的价值，借记"对外投资"科目，按已提折旧，借记"累计折旧"科目，按固定资产原价，贷记本科目，投资各方确认或协议价与固定资产账面净值之间的差额，借记或贷记"资本公积"科目。

（七）捐赠转出固定资产时，按固定资产净值，转入"固定资产清理"科目，应支付的相关税费，也通过"固定资产清理"科目进行归集，捐赠项目完成后，按"固定资产清理"科目的余额，借记"其他支出"科目，贷记"固定资产清理"科目。

三、合作社应当设置"固定资产登记簿"和"固定资产卡片"，按固定资产类别、使用部门和每项固定资产进行明细核算。

四、本科目期末借方余额，反映合作社期末固定资产的账面原价。

152 累计折旧

一、本科目核算合作社拥有的固定资产计提的累计折旧。

二、生产经营用的固定资产计提的折旧，借记"生产成本"科目，贷记本科目；管理用的固定资产计提的折旧，借记"管理费用"科目，贷记本科目；用于公益性用途的固定资产计提的折旧，借记"其他支出"科目，贷记本科目。

三、本科目只进行总分类核算，不进行明细分类核算。

四、本科目的期末贷方余额，反映合作社提取的固定资产折旧累计数。

153 在建工程

一、本科目核算合作社进行工程建设、设备安装、农业基本建设设施建造等发生的实际支出。购入不需要安装的固定资产，不通过本科目核算。

二、购入需要安装的固定资产，按其原价加上运输、保险、采购、安装等费用，借记本科目，贷记"库存现金""银行存款""应付款"等科目。

三、建造固定资产和兴建农业基本建设设施购买专用物资以及发生工程费用，按实际支出，借记本科目，贷记"库存现金""银行存款""产品物资"等科目。

发包工程建设，根据合同规定向承包企业预付工程款，按实际预付的价款，借记本科目，贷记"银行存款"等科目；以拨付材料抵作工程款的，应按材料的实际成本，借记本科目，贷记"产品物资"等科目；将需要安装的设备交付承包企业进行安装时，应按该设备的成本，借记本科目，贷记"产品物资"等科目。与承包企业办理工程价款结算，补付的工程款，借记本科目，贷记"银行存款""应付款"等科目。

自营的工程，领用物资或产品时，应按领用物资或产品的实际成本，借记本科目，贷记"产品物资"等科目。工程应负担的员工工资等人员费用，借记本科目，贷记"应付工资""成员往来"等科目。

四、购建和安装工程完成并交付使用时，借记"固定资产"科目，贷记本科目。

五、工程完成未形成固定资产时，借记"其他支出"等科目，贷记本科目。

六、本科目应按工程项目设置明细科目，进行明细核算。

七、本科目期末借方余额，反映合作社尚未交付使用的工程项目的实际支出。

154 固定资产清理

一、本科目核算合作社因出售、捐赠、报废和毁损等原因转入清理的固定资产净值及其在清理过程中所发生的清理费用和清理收入。

二、出售、捐赠、报废和毁损的固定资产转入清理时，按固定资产账面净值，借记本科目，按已提折旧，借记"累计折旧"科目，按固定资产原值，贷记"固定资产"科目。

清理过程中发生的费用，借记本科目，贷记"库存现金"、"银行存款"等科目；收回出售固定资产的价款、残料价值和变价收入等，借记"银行存款""产品物资"等科目，贷记本科目；应当由保险公司或过失人赔偿的损失，借记"应收款""成员往来"等科目，贷记本科目。

三、清理完毕后发生的净收益，借记本科目，贷记"其他收入"科目；清理完毕后发生的净损失，借记"其他支出"科目，贷记本科目。

四、本科目应按被清理的固定资产设置明细科目，进行明细核算。

五、本科目期末余额，反映合作社转入清理但尚未清理完毕的固定资产净值，以及固定资产清理过程中所发生的清理费用和变价收入等各项金额的差额。

161 无形资产

一、本科目核算合作社持有的专利权、商标权、非专利技术等各种无形资产的价值。

二、无形资产应按取得时的实际成本计价。合作社按下列原则确定取得无形资产的实际成本，登记入账：

（一）购入的无形资产，按实际支付的价款，借记本科目，贷记"库存现金""银行存款"等科目。

（二）自行开发并按法律程序申请取得的无形资产，按依法取得时发生的注册费、律师费等实际支出，借记本科目，贷记"库存现金""银行存款"等科目。

（三）接受捐赠的无形资产，按照所附发票所列金额加上应支付的相关税费，无所附单据的，按经过批准的价值，借记本科目，贷记"专项基金""银行存款"等科目。

（四）投资者投入的无形资产，按照投资各方确认的价值，借记本科目，按经过批准的投资者所应拥有的以合作社注册资本份额计算的资本金额，贷记"股金"等科目，按两者之间的差额，借记或贷记"资本公积"科目。

三、无形资产从使用之日起，按直线法分期平均摊销，摊销年限不应超过 10 年。摊销时，借记"管理费用"科目，贷记本科目。

四、出租无形资产所取得的租金收入，借记"银行存款"等科目，贷记"其他收入"科目；结转出租无形资产的成本时，借记"其他支出"科目，贷记本科目。

五、出售无形资产，按实际取得的转让价款，借记"银行存款"等科目，按照无形资产的账面余额，贷记本科目，按应支付的相关税费，贷记"银行存款"等科目，按其差额，贷记"其他收入"或借记"其他支出"科目。

六、本科目应按无形资产类别设置明细科目，进行明细核算。

七、本科目期末借方余额，反映合作社所拥有的无形资产摊余价值。

201 短期借款

一、本科目核算合作社从银行、信用社或其他金融机构，以及外部单位和个人借入的期限在 1 年以下（含 1 年）的各种借款。

二、合作社借入各种短期借款时，借记"库存现金"、"银行存款"科目，贷记本科目。

三、合作社发生的短期借款利息支出，直接计入当期损益，借记"其他支出"科目，贷记"库存现金""银行存款"等科目。

四、归还短期借款时，借记本科目，贷记"库存现金""银行存款"科目。

五、本科目应按借款单位和个人设置明细科目，进行明细核算。

六、本科目期末贷方余额，反映合作社尚未归还的短期借款本金。

211 应付款

一、本科目核算合作社与非成员之间发生的各种应付以及暂收款项，包括因购买产品物资和接受劳务、服务等应付的款项以及应付的赔款、利息等。

二、合作社发生以上应付以及暂收款项时，借记"库存现金""银行存款""产品物资"等科目，贷记本科目。

三、合作社偿还应付及暂收款项时，借记本科目，贷记"库存现金""银行存款"等科目。

四、合作社确有无法支付的应付款时，按规定程序审批后，借记本科目，贷记"其他收入"科目。

五、本科目应按发生应付款的非成员单位和个人设置明细账，进行明细核算。

六、本科目期末贷方余额，反映合作社应付但尚未付给非成员的应付及暂收款项。

212 应付工资

一、本科目核算合作社应支付给管理人员及固定员工的工资总额。包括在工资总额内的各种工资、奖金、津贴、补助等，不论是否在当月支付，都应通过本科目核算。

二、合作社应按劳动工资制度规定，编制"工资表"，计算各种工资。再由合作社财务会计人员将"工资表"进行汇总，编制"工资汇总表"。

三、提取工资时，根据人员岗位进行工资分配，借记"生产成本""管理费用""在建工程"等科目，贷记本科目。

四、实际支付工资时，借记本科目，贷记"库存现金"等科目。

五、合作社应当设置"应付工资明细账"，按照管理人员和固定员工的姓名、类别以及应付工资的组成内容进行明细核算。

六、本科目期末一般应无余额，如有贷方余额，反映合作社已提取但尚未支付的工资额。

221 应付盈余返还

一、本科目核算合作社按成员与本社交易量（额）比例返还给成员的盈余，返还给成员的盈余不得低于可分配盈余的百分之六十。

二、合作社根据章程规定的盈余分配方案，按成员与本社交易量（额）提取返还盈余时，借记"盈余分配"科目，贷记本科目。实际支付时，借记本科目，贷记"库存现金"、"银行存款"等科目。

三、本科目应按成员设置明细账，进行明细核算。

四、本科目期末贷方余额，反映合作社尚未支付的盈余返还。

222 应付剩余盈余

一、本科目核算合作社以成员账户中记载的出资额和公积金份额，以及本社接受国家财政直接补助和他人捐赠形成的财产平均量化到本社成员的份额，按比例分配给本社成员的剩余可分配盈余。

二、合作社按交易量（额）返还盈余后，根据章程规定或者成员大会决定分配剩余盈余时，借记"盈余分配"科目，贷记本科目。实际支付时，借记本科目，贷记"库存现金""银行存款"等科目。

三、本科目应按成员设置明细账，进行明细核算。

四、本科目期末贷方余额，反映合作社尚未支付给成员的剩余盈余。

231 长期借款

一、本科目核算合作社从银行等金融机构及外部单位和个人借入的期限在 1 年以上（不含 1 年）的各项借款。

二、合作社借入长期借款时，借记"库存现金""银行存款"科目，贷记本科目。

三、合作社长期借款利息应按期计提，借记"其他支出"科目，贷记"应付款"科目。

四、合作社偿还长期借款时，借记本科目，贷记"库存现金"、"银行存款"科目。支付长期借款利息时，借记"应付款"科目，贷记"库存现金""银行存款"科目。

五、本科目应按借款单位和个人设置明细账，进行明细核算。

六、本科目期末贷方余额，反映合作社尚未偿还的长期借款本金。

235 专项应付款

一、本科目核算合作社接受国家财政直接补助的资金。

二、合作社收到国家财政补助的资金时，借记"库存现金"、

"银行存款"等科目，贷记本科目。

三、合作社按照国家财政补助资金的项目用途，取得固定资产、农业资产、无形资产等时，按实际支出，借记"固定资产""牲畜（禽）资产""林木资产""无形资产"等科目，贷记"库存现金""银行存款"等科目，同时借记本科目，贷记"专项基金"科目；用于开展信息、培训、农产品质量标准与认证、农业生产基础设施建设、市场营销和技术推广等项目支出时，借记本科目，贷记"库存现金""银行存款"等科目。

四、本科目应按国家财政补助资金项目设置明细科目，进行明细核算。

五、本科目期末贷方余额，反映合作社尚未使用和结转的国家财政补助资金数额。

301 股金

一、本科目核算合作社通过成员入社出资、投资入股、公积金转增等所形成的股金。

二、合作社收到成员以货币资金投入的股金，按实际收到的金额，借记"库存现金""银行存款"科目，按成员应享有合作社注册资本的份额计算的金额，贷记本科目，按两者之间的差额，贷记"资本公积"科目。

三、合作社收到成员投资入股的非货币资产，按投资各方确认的价值，借记"产品物资""固定资产""无形资产"等科目，按成员应享有合作社注册资本的份额计算的金额，贷记本科目，按两者之间的差额，贷记或借记"资本公积"科目。

四、合作社按照法定程序减少注册资本或成员退股时，借记本科目，贷记"库存现金""银行存款""固定资产""产品物资"等科目，并在有关明细账及备查簿中详细记录股金发生的变动情况。

五、成员按规定转让出资的，应在成员账户和有关明细账及备查簿中记录受让方。

六、本科目应按成员设置明细科目，进行明细核算。

七、本科目期末贷方余额，反映合作社实有的股金数额。

311 专项基金

一、本科目核算合作社通过国家财政直接补助转入和他人捐赠形成的专项基金。

二、合作社使用国家财政直接补助资金取得固定资产、农业资产和无形资产等时，按实际使用国家财政直接补助资金的数额，借记"专项应付款"科目，贷记本科目。

三、合作社实际收到他人捐赠的货币资金时，借记"库存现金""银行存款"科目，贷记本科目。

合作社收到他人捐赠的非货币资产时，按照所附发票记载金额加上应支付的相关税费，借记"固定资产""产品物资"等科目，贷记本科目；无所附发票的，按照经过批准的评估价值，借记"固定资产""产品物资"等科目，贷记本科目。

四、本科目应按专项基金的来源设置明细科目，进行明细核算。

五、本科目期末贷方余额，反映合作社实有的专项基金数额。

321 资本公积

一、本科目核算合作社形成的资本公积。

二、成员入社投入货币资金和实物资产时，按实际收到的金额和投资各方确认的价值，借记"库存现金"、"银行存款"、"固定资产"、"产品物资"等科目，按其应享有合作社注册资本的份额计算的金额，贷记"股金"科目，按两者之间的差额，贷记或借记本科目。

三、合作社以实物资产方式进行对外投资时，按照投资各方确认的价值，借记"对外投资"科目，按投出实物资产的账面余额，贷记"固定资产""产品物资"等科目，按两者之间的差额，借记或贷记本科目。

四、合作社用资本公积转增股金时，借记本科目，贷记"股金"科目。

五、本科目应按资本公积的来源设置明细科目，进行明细核算。

六、本科目期末贷方余额，反映合作社实有的资本公积数额。

322 盈余公积

一、本科目核算合作社从盈余中提取的盈余公积。

二、合作社提取盈余公积时，借记"盈余分配"科目，贷记本科目。

三、合作社用盈余公积转增股金或弥补亏损等时，借记本科目，贷记"股金""盈余分配"等科目。

四、本科目应按用途设置明细科目，进行明细核算。

五、本科目期末贷方余额，反映合作社实有的盈余公积数额。

331 本年盈余

一、本科目核算合作社本年度实现的盈余。

二、会计期末结转盈余时，应将"经营收入""其他收入"科目的余额转入本科目的贷方，借记"经营收入""其他收入"科目，贷记本科目；同时将"经营支出""管理费用""其他支出"科目的余额转入本科目的借方，借记本科目，贷记"经营支出""管理费用""其他支出"科目。"投资收益"科目的净收益转入本科目的贷方，借记"投资收益"科目，贷记本科目；如为投资净损失，转入本科目的借方，借记本科目，贷记"投资收益"科目。

三、年度终了，应将本年收入和支出相抵后结出的本年实现的净盈余，转入"盈余分配"科目，借记本科目，贷记"盈余分配—未分配盈余"科目；如为净亏损，做相反会计分录，结转后本科目应无余额。

332 盈余分配

一、本科目核算合作社当年盈余的分配（或亏损的弥补）和历年分配后的结存余额。本科目设置"各项分配"和"未分配盈余"两个二级科目。

二、合作社用盈余公积弥补亏损时，借记"盈余公积"科目，贷记本科目（未分配盈余）。

三、按规定提取盈余公积时，借记本科目（各项分配），贷记"盈余公积"等科目。

四、按交易量（额）向成员返还盈余时，借记本科目（各项分配），贷记"应付盈余返还"科目。

五、以合作社成员账户中记载的出资额和公积金份额，以及本社接受国家财政直接补助和他人捐赠形成的财产平均量化到成员的份额，按比例分配剩余盈余时，借记本科目（各项分配），贷记"应付剩余盈余"科目。

六、年终，合作社应将全年实现的盈余总额，自"本年盈余"科目转入本科目，借记"本年盈余"科目，贷记本科目（未分配盈余），如为净亏损，做相反会计分录。同时，将本科目下的"各项分配"明细科目的余额转入本科目"未分配盈余"明细科目，借记本科目（未分配盈余），贷记本科目（各项分配）。年度终了，本科目的"各项分配"明细科目应无余额，"未分配盈余"明细科目的贷方余额表示未分配的盈余，借方余额表示未弥补的亏损。

七、本科目应按盈余的用途设置明细科目，进行明细核算。

八、本科目余额为合作社历年积存的未分配盈余（或未弥补亏损）。

401 生产成本

一、本科目核算合作社直接组织生产或提供劳务服务所发生的各项生产费用和劳务服务成本。

二、合作社发生各项生产费用和劳务服务成本时，应按成本核算对象和成本项目分别归集，借记本科目，贷记"库存现金"、"银行存款""产品物资""应付工资""成员往来"、"应付款"等科目。

三、会计期间终了，合作社已经生产完成并已验收入库的产成品，按实际成本，借记"产品物资"科目，贷记本科目。

四、合作社提供劳务服务实现销售时，借记"经营支出"科目，贷记本科目。

五、本科目应按生产费用和劳务服务成本种类设置明细科目，进行明细核算。

六、本科目期末借方余额，反映合作社尚未生产完成的各项在产品和尚未完成的劳务服务成本。

501 经营收入

一、本科目核算合作社销售产品、提供劳务，以及为成员代购代销、向成员提供技术、信息服务等活动取得的收入。

二、合作社实现经营收入时，应按实际收到或应收的价款，借记"库存现金""银行存款""应收款""成员往来"等科目，贷记本科目。

三、本科目应按经营项目设置明细科目，进行明细核算。

四、年终，应将本科目的余额转入"本年盈余"科目的贷方，结转后本科目应无余额。

502 其他收入

一、本科目核算合作社除经营收入以外的其他收入。

二、合作社发生其他收入时，借记"库存现金""银行存款"等科目，贷记本科目。

三、本科目应按其他收入的来源设置明细科目，进行明细核算。

四、年终，应将本科目的余额转入"本年盈余"科目的贷方，结转后本科目应无余额。

511 投资收益

一、本科目核算合作社对外投资取得的收益或发生的损失。

二、合作社取得投资收益时,借记"库存现金"、"银行存款"等科目,贷记本科目;到期收回或转让对外投资时,按实际取得的价款,借记"库存现金"、"银行存款"等科目,按原账面余额,贷记"对外投资"科目,按实际取得价款和原账面余额的差额,借记或贷记本科目。

三、本科目应按投资项目设置明细科目,进行明细核算。

四、年终,应将本科目的余额转入"本年盈余"科目的贷方;如为净损失,转入"本年盈余"科目的借方,结转后本科目应无余额。

521 经营支出

一、本科目核算合作社因销售产品、提供劳务,以及为成员代购代销,向成员提供技术、信息服务等活动发生的支出。

二、合作社发生经营支出时,借记本科目,贷记"产品物资""生产成本""应付工资""成员往来""应付款"等科目。

三、本科目应按经营项目设置明细科目,进行明细核算。

四、年终,应将本科目的余额转入"本年盈余"科目的借方,结转后本科目应无余额。

522 管理费用

一、本科目核算合作社为组织和管理生产经营活动而发生的各项支出,包括合作社管理人员的工资、办公费、差旅费、管理用固定资产的折旧、业务招待费、无形资产摊销等。

二、合作社发生管理费用时,借记本科目,贷记"应付工资""库存现金""银行存款""累计折旧""无形资产"等科目。

三、本科目应按管理费用的项目设置明细科目,进行明细核算。

四、年终,应将本科目的余额转入"本年盈余"科目的借方，结转后本科目应无余额。

529 其他支出

一、本科目核算合作社发生的除"经营支出""管理费用"以外的其他各项支出，如农业资产死亡毁损支出、损失、固定资产及产品物资的盘亏、损失、罚款支出、利息支出、捐赠支出、无法收回的应收款项损失等。

二、合作社发生其他支出时，借记本科目，贷记"库存现金""银行存款""产品物资""累计折旧""应付款""固定资产清理"等科目。

三、本科目应按其他支出的项目设置明细科目，进行明细核算。

四、年终，应将本科目的余额转入"本年盈余"科目的借方，结转后本科目应无余额。

四、会计报表

（一）会计报表是反映合作社某一特定日期财务状况和某一会计期间经营成果的书面报告。合作社应按照规定准确、及时、完整地编制会计报表，向登记机关、农村经营管理部门和有关单位报送，并按时置备于办公地点，供成员查阅。

（二）合作社应编制资产负债表、盈余及盈余分配表、成员权益变动表、科目余额表和收支明细表、财务状况说明书等。

合作社应按登记机关规定的时限和要求，及时报送资产负债表、盈余及盈余分配表和成员权益变动表。

各级农村经营管理部门，应对所辖地区报送的合作社资产负债表、盈余及盈余分配表和成员权益变动表进行审查，然后逐级汇总上报，同时附送财务状况说明书，按规定时间报农业部。

（三）资产负债表、盈余及盈余分配表和成员权益变动表格式及编制说明如下，科目余额表和收支明细表的格式及编制说明由各省、自治区、直辖市财政部门和农村经营管理部门根据本制度进行规定。

资产负债表格式

资产负债表格式

_____年_____月_____日 会农社 01 表

编制单位： 单位：元

资产	行次	年初数	年末数	负债及所有者权益	行次	年初数	年末数
流动资产：				流动负债：			
货币资金	1			短期借款	30		
应收款项	5			应付款项	31		
存货	6			应付工资	32		
流动资产合计	10			应付盈余返还	33		
长期资产：				应付剩余盈余	35		
对外投资	11			流动负债合计	36		
农业资产：				长期负债：			
牲畜（禽）资产	12			长期借款	40		
林木资产	13			专项应付款	41		
农业资产合计	15			长期负债合计	42		
固定资产：				负债合计	43		
固定资产原值	16			所有者权益：			
减：累计折旧	17			股金	44		
固定资产净值	20			专项基金	45		
固定资产清理	21			资本公积	46		
在建工程	22			盈余公积	47		
固定资产合计	25			未分配盈余	50		
其他资产：				所有者权益合计	51		
无形资产	27			负债和所有者权益总计	52		
长期资产合计	28						
资产总计	29						

补充资料：

项　　目	金额
无法收回、尚未批准核销的应收款项	
盘亏、毁损和报废、尚未批准核销的存货	
无法收回、尚未批准核销的对外投资	
死亡毁损、尚未批准核销的农业资产	
盘亏、毁损和报废、尚未批准核销的固定资产	
毁损和报废、尚未批准核销的在建工程	
注销和无效、尚未批准核销的无形资产	

资产负债表编制说明

1. 本表反映合作社一定日期全部资产、负债和所有者权益状况。

2. 本表"年初数"栏内各项数字，应根据上年末资产负债表"年末数"栏内所列数字填列。如果本年度资产负债表规定的各个项目的名称和内容同上年度不相一致，应对上年末资产负债表各项目的名称和数字按照本年度的规定进行调整，填入本表"年初数"栏内，并加以书面说明。

3. 本表"年末数"各项目的内容及其填列方法：

（1）"货币资金"项目，反映合作社库存现金、银行结算账户存款等货币资金的合计数。本项目应根据"库存现金""银行存款"科目的年末余额合计填列。

（2）"应收款项"项目，反映合作社应收而未收回和暂付的各种款项。本项目应根据"应收款"和"成员往来"各明细科目年末借方余额合计数合计填列。

（3）"存货"项目，反映合作社年末在库、在途和在加工中的各项存货的价值，包括各种材料、燃料、机械零配件、包装物、种子、化肥、农药、农产品、在产品、半成品、产成品等。本项目应根据"产品物资""受托代销商品""受托代购商品""委托加工物资""委托代销商品""生产成本"科目年末余额合计填列。

（4）"对外投资"项目，反映合作社的各种投资的账面余额。本项目应根据"对外投资"科目的年末余额填列。

（5）"牲畜（禽）资产"项目，反映合作社购入或培育的幼畜及育肥畜和产役畜的账面余额。本项目应根据"牲畜（禽）资产"科目的年末余额填列。

（6）"林木资产"项目，反映合作社购入或营造的林木的账面余额。本项目应根据"林木资产"科目的年末余额填列。

（7）"固定资产原值"项目和"累计折旧"项目，反映合作社各种固定资产原值及累计折旧。这两个项目应根据"固定资产"科目和"累计折旧"科目的年末余额填列。

（8）"固定资产清理"项目，反映合作社因出售、报废、毁损等原因转入清理但尚未清理完毕的固定资产的账面净值，以及固定资产清理过程中所发生的清理费用和变价收入等各项金额的差额。本项目应根据"固定资产清理"科目的年末借方余额填列；如为贷方余额，本项目数字应以"—"号表示。

（9）"在建工程"项目，反映合作社各项尚未完工或虽已完工但尚未办理竣工决算和交付使用的工程项目实际成本。本项目应根据"在建工程"科目的年末余额填列。

（10）"无形资产"项目，反映合作社持有的各项无形资产的账面余额。本项目应根据"无形资产"科目的年末余额填列。

（11）"短期借款"项目，反映合作社借入尚未归还的一年期以下（含一年）的借款。本项目应根据"短期借款"科目的年末余额填列。

（12）"应付款项"项目，反映合作社应付而未付及暂收的各种款项。本项目应根据"应付款"科目年末余额和"成员往来"

各明细科目年末贷方余额合计数合计填列。

（13）"应付工资"项目，反映合作社已提取但尚未支付的人员工资。本项目应根据"应付工资"科目的年末余额填列。

（14）"应付盈余返还"项目，反映合作社按交易量（额）应支付但尚未支付给成员的可分配盈余返还。本项目应根据"应付盈余返还"科目的年末余额填列。

（15）"应付剩余盈余"项目，反映合作社以成员账户中记载的出资额和公积金份额，以及本社接受国家财政直接补助和他人捐赠形成的财产平均量化到本社成员的、应支付但尚未支付给成员的剩余盈余。本项目应根据"应付剩余盈余"科目的年末余额填列。

（16）"长期借款"项目，反映合作社借入尚未归还的一年期以上（不含一年）的借款。本项目应根据"长期借款"科目的年末余额填列。

（17）"专项应付款"项目，反映合作社实际收到国家财政直接补助而尚未使用和结转的资金数额。本项目应根据"专项应付款"科目的年末余额填列。

（18）"股金"项目，反映合作社实际收到成员投入的股金总额。本项目应根据"股金"科目的年末余额填列。

（19）"专项基金"项目，反映合作社通过国家财政直接补助转入和他人捐赠形成的专项基金总额。本项目应根据"专项基金"科目年末余额填列。

（20）"资本公积"项目，反映合作社资本公积的账面余额。本项目应根据"资本公积"科目的年末余额填列。

（21）"盈余公积"项目，反映合作社盈余公积的账面余额。本项目应根据"盈余公积"科目的年末余额填列。

（22）"未分配盈余"项目，反映合作社尚未分配的盈余。本项目应根据"本年盈余"科目和"盈余分配"科目的年末余额计算填列；未弥补的亏损，在本项目内数字以"B"号表示。

盈余及盈余分配表格式

盈余及盈余分配表

_____年

会农社 02 表

编制单位：

单位：元

项目	行次	金额	项目	行次	金额
本年盈余			**盈余分配**		
一、经营收入	1		四、本年盈余	16	
加：投资收益	2		加：年初未分配盈余	17	
减：经营支出	5		其他转入	18	
管理费用	6		五、可分配盈余	21	
二、经营收益	10		减：提取盈余公积	22	
加：其他收入	11		盈余返还	23	
减：其他支出	12		剩余盈余分配	24	
三、本年盈余	15		六、年末未分配盈余	28	

盈余及盈余分配表编制说明

1. 本表反映合作社一定期间内实现盈余及其分配的实际情况。

2. 本表主要项目的内容及填列方法如下：

（1）"经营收入"项目，反映合作社进行生产、销售、服务、劳务等活动取得的收入总额。本项目应根据"经营收入"科目的发生额分析填列。

（2）"投资收益"项目，反映合作社以各种方式对外投资所取得的收益。本项目应根据"投资收益"科目的发生额分析填列；如为投资损失，以"B"号填列。

（3）"经营支出"项目，反映合作社进行生产、销售、服务、

劳务等活动发生的支出。本项目应根据"经营支出"科目的发生
额分析填列。

（4）"管理费用"项目，反映合作社为组织和管理生产经营
服务活动而发生的费用。本项目应根据"管理费用"科目的发生
额分析填列。

（5）"其他收入"项目和"其他支出"项目，反映合作社除
从事主要生产经营活动以外而取得的收入和支出，本项目应根据
"其他收入"和"其他支出"科目的发生额分析填列。

（6）"本年盈余"项目，反映合作社本年实现的盈余总额。
如为亏损总额，本项目数字以"B"号填列。

（7）"年初未分配盈余"项目，反映合作社上年度未分配的
盈余。本项目应根据上年度盈余及盈余分配表中的"年末未分配
盈余"数额填列。

（8）"其他转入"项目，反映合作社按规定用公积金弥补亏
损等转入的数额。本项目应根据实际转入的公积金数额填列。

（9）"可分配盈余"项目，反映合作社年末可供分配的盈余
总额。本项目应根据"本年盈余"项目、年初未分配盈余""项
目和"其他转入"项目的合计数填列。

（10）"提取盈余公积"项目，反映合作社按规定提取的盈余
公积数额。本项目应根据实际提取的盈余公积数额填列。

（11）"盈余返还"项目，反映按交易量（额）应返还给成员
的盈余。本项目应根据"盈余分配"科目的发生额分析填列。

（12）"剩余盈余分配"项目，反映按规定应分配给成员的剩
余可分配盈余。本项目应根据"盈余分配"科目的发生额分析
填列。

（13）"年末未分配盈余"项目，反映合作社年末累计未分配
的盈余。如为未弥补的亏损，本项目数字以"B"号填列。本项
目应根据"可分配盈余"项目扣除各项分配数额的差额填列。

成员权益变动表格式

成员权益变动表

_____年　　　　　　　　　　　　　　　　会农社 03 表

编制单位：　　　　　　　　　　　　　　　单位：元

项目	股金	专项基金	基本公积	盈余公积	未分配盈余	合计
年初余额						
本年增加数						
	其中：	其中：	其中：	其中：		
	资本公积转赠	国家财政直接补助	股金溢价	从盈余中提取		
	盈余公积转赠	接受捐赠转入	资产评估增值			
	成员增加出资					
本年增加数						
					其中：	
					按交易量（额）分配的盈余	
					剩余盈余分配	
年末余额						

成员权益变动表编制说明

（1）本表反映合作社报告年度成员权益增减变动的情况。

（2）本表各项目应根据"股金""专项基金""资本公积"、"盈余公积""盈余分配"科目的发生额分析填列。

（3）未分配盈余的本年增加数是指本年实现盈余数（净亏损以"－"号填列）。

成员账户

成员姓名　　　　　　　　　　　　　　　　　　　　联系地址
　　　　　　　　　　　　　　　　　　　　　　　　第　页

编号	年		摘要	成员出资	公积金份额	形成财产的财政补助资金量化份额	捐赠财产量化份额	交易量		交易额		盈余返还金额	剩余盈余返还金额
	月	日						产品1	产品2	产品1	产品2		
1													
2													
3													
4													
5													
年终合计				公积金总额：						盈余返还总额：			

成员账户编制说明

（1）本表反映合作社成员入社的出资额、量化到成员的公积金份额、成员与本社的交易量（额）以及返还给成员的盈余和剩余盈余金额。

（2）年初将上年各项公积金数额转入，本年发生公积金份额变化时，按实际发生变化数填列调整。"形成财产的财政补助资金量化份额"、"捐赠财产量化份额"在年度终了，或合作社进行剩余盈余分配时，根据实际发生情况或变化情况计算填列调整。

（3）成员与合作社发生经济业务往来时，"交易量（额）"按实际发生数填列。

（4）年度终了，以"成员出资""公积金份额"、"形成财产的财政补助资金量化份额""捐赠财产量化份额"合计数汇总成员应享有的合作社公积金份额，以"盈余返还金额"和"剩余盈余返还金额"合计数汇总成员全年盈余返还总额。

（四）财务状况说明书

财务状况说明书是对合作社一定会计期间生产经营、提供劳务服务以及财务、成本情况进行分析说明的书面文字报告。合作社应于年末编制财务状况说明书，对年度内财务状况做出书面分析报告，进行全面系统的分析说明。财务状况说明书没有统一的格式，但其内容至少应涵盖以下几个方面：

1. 合作社生产经营服务的基本情况

包括：合作社的股金总额、成员总数、农民成员数及所占的比例、主要服务对象、主要经营项目等情况。

2. 成员权益结构

（1）理事长、理事、执行监事、监事会成员名单及变动情况；

（2）各成员的出资额，量化为各成员的公积金份额，以及成员入社和退社情况；

（3）企事业单位或社会团体成员个数及所占的比例；

（4）成员权益变动情况。

3. 其他重要事项

（1）变更主要经营项目；

（2）从事的进出口贸易；

（3）重大财产处理、大额举债、对外投资和担保；

（4）接受捐赠；

（5）国家财政支持和税收优惠；

（6）与成员的交易量（额）和与利用其提供的服务的非成员的交易量（额）；

（7）提取盈余公积的比例；

（8）盈余分配方案、亏损处理方案；

（9）未决诉讼、仲裁。

五、会计凭证、会计账簿和会计档案

（一）会计凭证是记载经济业务发生、明确经济责任的书面文件，是记账的依据。合作社每发生一项经济业务，都要取得原始凭证，并据以编制记账凭证。各种原始凭证必须具备：凭证名称、填制日期、填制凭证单位名称或者填制人姓名、经办人员的签名或者盖章、接受凭证单位名称、经济业务内容、数量单价金额。记账凭证必须具备：填制日期、凭证编号、经济业务摘要、会计科目、金额、所附原始凭证张数等，并须由填制和审核人员签名盖章。

（二）所有会计凭证都要按规定手续和时间送会计人员审核处理。填制有误和不符合要求的会计凭证，应要求修正和重填。无效、不合法和不符合财务制度规定的凭证，不能作为收付款项、办理财务手续和记账的依据。会计人员应根据审核无误的原始凭证，填制记账凭证，并据以登记账簿。记账凭证可以根据每一原始凭证单独填制，也可以根据原始凭证汇总表填制。一定时期终了，应将已经登记过账簿的原始凭证和记账凭证，分类装订成册，妥善保管。

（三）会计账簿是记录经济业务的簿籍，是编制会计报表的依据。合作社应设置现金日记账和银行存款日记账、总分类账和各种必要的明细分类账。

现金日记账和银行存款日记账，应由出纳人员根据收、付款凭证，按有关经济业务完成时间的先后顺序进行登记，一律采用订本账。总分类账按照总账科目设置，对全部经济业务进行总括分类登记；明细分类账按明细科目设置，对有关经济业务进行明细分类登记。总分类账可用订本账或活页账；明细分类账可用活页账或卡片账。

对于不能在日记账和分类账中记录的，而又需要查考的经济事项，合作社必须另设备查账簿进行账外登记。

（四）合作社所使用的各种会计凭证和会计账簿的内容和格

式，应符合《中华人民共和国会计法》《会计基础工作规范》（财会字、〔1996〕19 号）和《会计档案管理办法》（财会字〔1998〕32 号）等规定。

（五）账簿登记要做到数字正确、摘要清楚、登记及时。各种账簿的记录，应定期核对，做到账证相符、账实相符、账款相符、账账相符和账表相符。

（六）启用新账，必须填写账簿启用表，并编制目录。旧账结清后，要及时整理，装订成册，归档保管。

（七）合作社的会计档案包括经济合同或协议，各项财务计划及盈余分配方案，各种会计凭证、会计账簿和会计报表、会计人员交接清单、会计档案销毁清单等。

（八）合作社要按照《会计档案管理办法》（财会字〔1998〕32 号）的规定，加强对会计档案的管理。建立会计档案室（柜），实行统一管理，专人负责，做到完整无缺、存放有序、方便查找。

附：会计档案保管期限

会计档案名称	保管期限	备注
一、会计凭证类 　1. 原始凭证、记账凭证和汇总凭证 　　其中：涉及外事和其他重要的会计凭证 　2. 银行存款余额调节表	15 年 永久 3 年	
二、会计帐簿类 　1. 日记账 　　其中：现金和银行存款日记账 　2. 明细账 　3. 总账 　4. 固定资产卡片 　5. 辅助账簿	15 年 25 年 15 年 15 年 15 年	包括日记总账固定资产报废清理后保存 5 年

（续）

会计档案名称	保管期限	备注
三、会计报表类 　年度会计报表	永久	包括文字 分析
四、其他类 　1. 会计移交清册 　2. 会计档案保管清册 　3. 会计档案销毁清册	15 年 25 年 25 年	

图书在版编目（CIP）数据

农民专业合作社建设与经营管理／顾仁恺编著．——
北京：中国农业出版社，2018.8
　　ISBN 978-7-109-25040-6

　　Ⅰ．①农…　Ⅱ．①顾…　Ⅲ．①农业合作社－专业合作
社－研究－中国　Ⅳ．①F321.42

中国版本图书馆CIP数据核字（2018）第271383号

中国农业出版社出版
（北京市朝阳区麦子店街18号楼）
（邮政编码 100125）
策划编辑　刁乾超　李昕昱

北京通州皇家印刷厂印刷　新华书店北京发行所发行
2018年8月第1版　2018年8月北京第1次印刷

开本：850mm×1168mm 1/32　印张：7.75
字数：195千字
定价：35.00元
（凡本版图书出现印刷、装订错误，请向出版社发行部调换）